9회 말,
일희일비 야구의 맛

일러두기

― 본문 중 기호(*)로 표시된 야구 용어의 뜻은 부록에 설명돼 있습니다.
― 본문의 표기는 표준국어대사전과 국립국어원의 외래어 표기법에 따랐으나, 사회에 통용되는 표기법이 있거나 저자의 특별한 의도가 있는 경우 예외로 두었습니다.

9회 말,
일희일비 야구의 맛

라젤의 레시피로 차려낸
그라운드 식탁

남아라 지음

북롯
북스

프롤로그
사랑하는 것을 더 사랑하기 위해 쓴 이야기

"작가님, 프롤로그도 쓰셔야 해요."

시차 때문에 늦게 확인한 팀장님의 메시지에 아침부터 괜히 낯이 간지러워졌습니다. '작가'면 뭔가 많은 이들에게 깨달음을 주거나, 스탕달의 말처럼 시대의 거울이 되는 이야기를 써야 할 것만 같거든요. 그런데 저는 제가 좋아하다 못해 사랑하는 것들에 대해 이야기했을 뿐인데 무려 '작가님'이라는 호칭을 받아버린 겁니다. 게다가 '프롤로그'라는 것까지 써야 하다니! 뭔가 대서사의 시작처럼 들려서 부담스럽고, 너무 거창한 것 같아 괜히 회피를 하고 싶어집니다. 하지만 써야겠죠. 저는 사실 누가 시키면 어떻게든 하긴 합니다.

프롤로그에 어떤 이야기를 써야 할까.

고민을 하다가 산책을 하며 생각해보기로 마음먹고 밖으로 나왔습니다. 밖의 온도는 섭씨 39도, 한증막에서 땀을 빼며 생각을 하겠다는 것과 다를 바가 없습니다. 참고로 저는 지금 마드리드에 머물고 있습니다. 오랫동안 꿈꿔왔던 유럽 1달 살이를, 이곳에서 하고 있기 때문입니다.

마드리드에서 제가 가장 좋아하는 곳은 화려한 마요르 광장도, 웅장한 마드리드 왕궁도 아닌 말라사냐 지역입니다. 조금은 낡고 빛바랜 건물들이 모여 있는 동네지만, 사람 사는 냄새가 나는 곳이거든요. 한없이 길을 잃어도 마냥 설레는 이유도 이 때문이겠지요. 그날도 지도를 보지 않고 정처 없이 걷다가 한 서점을 발견하게 됐습니다.

노란 벽면에 리브로LIBRO라는 간판이 달려 있고, 문 앞에는 민트색 자전거가 1대 놓여 있는 서점이었습니다. 자전거 바구니에는 주인 아저씨가 직접 큐레이션 해놓은 '이번 주의 책'이 담겨 있었고요. 창가엔 검은 고양이 1마리가 나른한 눈빛으로 지나다니는 사람들을 구경하고 있었습니다. 그 풍경에 홀린 듯, 저는 서점 안으로 들어섰습니다. 그러자 회색 강아지 1마리가 제게 다가와서 배를 까고 눕더라고요. 종이 냄새가 가득한 서점을 자유로이 거니는 강아지와 고양이, 그리고 그 틈에서 책을 집어들어 구경하는 손님들이 있었습니다. 저는 그곳에서 엽서 몇 장을 사고 나왔습니다.

그 공간이 너무 좋았어서, 다음 날에도 찾아갔고 하루 건너뛰고 또 찾아가게 됐습니다. 주인 아저씨는 손님들에게 꽤 무심하고, 늘 무표정에다가 조용히 노트에 뭔가를 쓰고 있었기에 저를 기억할 거라고는 생각도 못했는데요. 3번째 방문에서, 그분이 나지막이 말하더라고요.

"돌아왔구나 Has vuelto."

그러고는 제 대답을 기다리지도 않고, 다시 조용히 노트에 뭔가를 적기 시작했습니다. 도대체 뭘 그렇게 매일매일 쓰고 있는 걸까, 궁금했는데 서점 중앙에 놓인 작은 책장을 보고 알게 됐습니다. 그 위에 놓인 책에는 서점의 강아지와 고양이의 일러스트가 그려져 있었거든요. 제가 그 책을 유심히 보니, 아저씨는 또 무심하게 말합니다. 자신이 쓴 책이라고.

알고 보니 그 책장 위에 놓인 책들은 모두 아저씨의 저서였고, 모두 직접 제본한 듯 투박했습니다. 마드리드의 작고 평범한 골목에 자리 잡은 이 서점의 역사를 담은 책과 서점의 식구인 강아지 롤라Lola와 고양이 프레타Preta에 대한 책이었습니다. 정식 출판된 책은 아니고, 이 서점에서만 판매한다는 말에 호기심이 일었습니다. 책을 펼쳐보니 곳곳에서 따스한 애정이 흘러나오더라고요. 아저씨가 매일 아침 책방의 문을 열고 닫으며 느꼈을 순간들, 롤라와 프레타의 지루하지만 신나는 일상 이야기들. 누군가에게는 별것 아니고 사소한 일상에 불과하겠지만, 주인 아저씨와 이 서점을 사랑하는 이들에게는 무엇보다 소중하고 사랑스러운 이야기들일 것입니다.

저는 고민을 하다가 책을 구매했습니다. 아저씨는 "사인을 해줄까?"라고 먼저 물었고, 저는 기다렸다는 듯이 좋다고 했습니다. 제 이름의 철자를 묻더니, 잠시 고민한 끝에 책 표지 안쪽에 사인을 남겼습니다.

'친애하는 아라에게.
세상을 더 나아지게 하는 서점에서'

서점을 더 둘러보니, 복층 공간에는 독서 모임과 어린이들을 위한 시 교실을 알리는 공지 사항이 붙어 있고 그 앞을 검은 고양이가 유유히 지나가더군요. 강아지는 여전히 문 앞에서 들어오는 손님을 맞고 있고요. 주인 아저씨가 큐레이팅 해놓은 서재에서 오래된 책을 발굴하고, 새로운 세상을 만나는 이들도 있었습니다. 저는 작은 서점 하나가 어떻게 세상을 더 나아지게 할 수 있는지, 서점 곳곳에 깃든 주인 아저씨의 손길을 통해 알 수 있었습니다.

아저씨는 글을 사랑하고 강아지와 고양이를 아끼는 분이었습니다. 그래서 책을 쓰고, 강아지와 고양이와 함께할 수 있는 서점도 연 것이겠지요. 사랑하는 것을 더 사랑하기 위해 애쓰는 사람은 너무나도 빛나 보였습니다. 그리고 저는 사랑의 크기와 모양이 어떻든, 그 사랑을 기록하고 나누는 방식 자체가 이미 세상을 조금은 더 따뜻하게 만든다고 믿게 됐습니다. 아저씨는 거창한 말을 하지 않았지만, 그가 만든 서점은 분명히 그렇게 존재하고 있었어요. 사람과 책, 사람과 동물, 사람과 사람 사이의 따뜻한 접점을 오랜 시간 가만히 지켜온 공간 말이에요.

서점 문을 나서며 문득 이런 질문을 던지게 되더라고요. '내가 사랑하는 건 뭘까?' 오래 고민하지 않아도 떠오르는 몇 가지가 있었는데, 그중 하나는 단연 야구였습니다. 기록의 스포츠지만 기록되지 않은 순간들의 감정, 짧은 경기 안에서 겪는 크고 작은 온도 차, 그리고 어떤 삶보다도 밀도 높게 응축된 희로애락. 저에게 야구는 살아 있다는 감각을 가장 진하게 느끼게 해주는 것 중 하나입니다.

이곳 마드리드에 도착해서 처음 산 물건은 다름 아닌 레알 마드리드의 유니폼이었습니다. 사실 저는 축구를 잘 모릅니다. 오프사이드도 헷갈리고, 레알 마드리드 선수를 대보라면 음바페 정도가 고작일 테죠. 하지만 이 도시 곳곳에 깃든 축구에 대한 애정과 열정이 괜히 탐나서, 유니폼을 산 것입니다. 말 그대로 패션 축구 팬입니다. 그래도 이 유니폼 하나만으로 낯선 사람과 친구가 되는 경험을 자주 하게 됩니다.

어느 날은 유니폼을 입고 테라스에서 맥주를 마시고 있었는데, 바에서 일하는 아저씨가 갑자기 다가와 씩 웃으며 "알라 마드리드! ¡Hala Madrid!"라고 인사를 건넸어요. 저도 얼떨결에 "알라 마드리드!"라고 따라 외쳤습니다. 그게 레알 마드리드 응원가의 한 구절이라는 건 나중에 알게 됐죠. 그러니까 잠실에서 LG 트윈스 유니폼을 입은 사람에게 냅다 "외쳐라, 무적 LG!"를 외친 셈입니다.

그러더니 아저씨는 누구를 마킹했냐며 제 등을 봤습니다. 물론 제 등은 비어 있었지요. 좋아하는 선수가 없으니, 마킹할 이름도 없었기 때문입니다. 저는 음바페 마킹을 하고 싶다고 둘러대며 멋쩍게 웃었습니다. 낯선 도시에서, 이름도 모르는 이가 웃으며 말을 걸고, 이야기를 나누는 경험. 그건 분명 스포츠가 만들어준 연결이었어요. 스포츠는 모르는 사람도 친구로 만드는 힘이 있고, 같은 팀을 좋아하는 사람이라는 이유 하나로 괜히 반가움을 느끼게 하죠.

그렇게 저는 마드리드의 서점에서, 테라스에서, 낯선 풍경 속에서 아주 익숙한 감정을 느꼈습니다. 뭔가를 사랑할 때, 더 가까워지고 싶고 더 알고 싶어지며 결국엔 언어도 국경도 상관없이 나누게 되는 감정 말이에요.

마드리드의 서점 아저씨가 고양이와 강아지, 책에 대한 애정으로 쓴 글을 손수 제본해 자신의 서점에 꽂아놓았듯 저도 제가 사랑하는 야구를 더 사랑하기 위해, 이 글들을 쓰기 시작했습니다.

그건 어쩌면, 사라지기 전에 붙잡고 싶었던 감정들에 대한 기록이기도 합니다. 야구장에 울려 퍼지는 환호성과 응원가, 기록에는 남지 않은 울컥했던 순간들, 전광판의 숫자보다 더 기억에 남는 누군가의 표정. 언젠가 흘러가고 잊힐지도 모르는 그 모든 장면들을 오래 간직하고 싶다는 마음에서 비롯된 기록 말입니다.

이 책은 그렇게, 제가 사랑하는 것을 더 사랑하기 위해 쓴 이야기입니다. 누군가를 열렬히 응원해본 적 있는 사람이라면, 어떤 장면 하나에 가슴이 벅차올라 눈물을 흘려본 적이 있는 사람이라면, 다시 돌아갈 수 없는 시간을 오래도록 되새겨본 적이 있는 사람이라면 아마 이 책의 어떤 페이지에서 가만히 멈춰 서게 될지도 모릅니다. 저와 같은 마음을 가지고서요.

야구를 좋아한다는 이유 하나만으로 이렇게 만나게 된 모든 분들께 감사의 인사를 드리며, 이제부터 제가 사랑하는 것들에 대한 이야기를 시작하겠습니다.

차례

프롤로그: 사랑하는 것을 더 사랑하기 위해 쓴 이야기　　　　004

❖ 1장

자, 오늘 경기 첫 타석입니다 — 누구나 긴장하죠

너네는 이런 거 보지 마라 · 부대찌개	019
당신 인생의 등장 곡은 무엇인가요 · 뵈프 부르기뇽	027
입맛의 출처 · 오이지무침	034
누가 뭐라 해도 난 나야	043
의외로 노래방에서 하면 안 되는 행동 · 무조림	049
영웅의 여정 · 배추찜	060
매일이 기념일 · 파에야	067
실패 축적의 법칙 · 감자전	074
어느 기억의 각인	080
우연이 아니야 · 우삼겹 숙주볶음	087

❖ **2장**

아직 중반입니다 — 이닝은 길고, 변수는 많습니다

야구가 아니었다면 몰랐을 맛 • 막창	099
가능성보다 작게 쓰이는 것들 • 가지볶음	110
초대하는 기쁨 • 육회 쫄면과 크림 새우	119
계승에 대한 여러 이야기 • 소고기 대파 파스타	131
사서 고생하기 프로젝트 • 열무국수와 참나물 비빔국수	142
I was born to love you	150
고난과 역경을 야구로 배웠어요	161
작은 토마토가 달다 • 카프레제	173
스포일러 애호가 • 달래와 참나물	181
이토록 아름다운 포기 • 수육	188

❖ **3장**

야구에 만약은 없습니다 — 그게 이 스포츠의 매력이죠

특기는 사랑	197
이번엔 거짓이 아니라구요	204
내가 필요하다 말해, 말해줘요 • 부추무침	214
쌍방 구원 서사 • 얼큰 소고기 국밥	222
서울 LG 꿈을 향해 달려가자 • 바질 페스토	229
에이스의 숙명	239
커튼콜의 순간에는 • 다시마	248
볶음밥을 위한 빌드업 • 콩나물 불고기	255
삶은, 계란이다 • 삶은 계란	265
야구에 만약이 있다면	275
부록: 책 속의 야구 용어	286

1

자, 오늘 경기 첫 타석입니다
누구나 긴장하죠

너네는 이런 거 보지 마라
부대찌개

 '천재'라 불리는 이들은 하나같이 20대 초반부터 역사에 남을 만한 두각을 드러낸다. 당연하지. 우리는 그런 걸 천재라 부르기로 했어요⋯.

 나는 이 당연한 사실을 조금은 부정하려 들었다. 내가 특별한 줄 알았던 10대를 지나, 20대 초반에 이르렀을 때 내가 가진 몇 가지 능력치가 나에게만 부여된 것이 아님을 깨달았기 때문이다. 10대 청소년들이 으레 갖는 '주인공 병'은 그렇게 자연 치유됐지만 후유증이 꽤 컸다. 그리고 20대 초반의 끝물인 24살, 아무것도 이뤄놓은 게 없다는 사실에 좌절했다. 그것도 바티칸 성베드로 성당의 피에타상 앞에서. 우습게도 경외감보다 박탈감을 느꼈다. 감히 미켈란젤로의 천재성과 나의 범재성을 비교하며.

 가이드 선생님의 말에 의하면 미켈란젤로는 24살에 피에타를 만들었단다. 마침 내 나이도 24살이었다. 그럼 나는 지금까지 뭘 했지?

 그래, 야구를 봤다. 대학생이 공부는 안 하고 그냥 야구만 보러 다녔다고? 그래. 학교보다 야구장에 더 자주 출석했다고? 그래. 교수님 얼굴보다 오지환 얼굴을 더 많이 봤다고? 그래. 나는 절대 미켈란젤로가 될 수 없는 세계관에서 살아가고 있었다. 천재도 이렇게 야구만 보면 바보가 될 듯. 너네는 야구 같은 거 보지 마라.

 약간의 변명을 하자면, 나도 이렇게까지 될 생각은 없었다. 마침 집이 잠실 야구장과 걸어서 10분 거리에 있었고, 학교는 지하철을 타고 40분이나 가야 했기에 접근성 면에서 야구장이 압승이었을 뿐이다. 이래서 '맹모삼천지교'라는 말이 있는 거구나. 맹모라면 바로 이사를 감행했을, '야구장 10분 컷'이 바로 우리 집이었다. 아무튼 나는 날씨가 좋은 날이면 털레털레 탄천을 건너 소풍 가듯 야구장으로 향했다.

 문제의 그날은 내가 문학 공모전에서 낙방 소식을 들은 날이었다. 쓰고 있던 소설은 도저히 써지지 않았고, 자리에서 일어나다 실수로 선을 밟는 바람에 노트북이 책상에서 떨어져 전원이 꺼지기도 했다. 마침 쓰고 있던 소설 원고는 저장을 하지 않은 상태였다. 어쩌면 다시 써야 한다는 불안감이 엄습했고, 역설적이지만 후련하기도 했다. 어차피 맘에 안 드는 내용이었다는 다소 비겁한 자기위로와 함께. 그 와중에 엄마와 싸우기도 했다. 완전 엉망이었다.

엄마에게 소리를 버럭 지르고 나와서 동네를 정처 없이 배회했다. 탄천 다리 위를 걷는데, 한강 위로 오렌지빛 햇살이 내려앉는 게 보였다. 뭐에 홀린 듯이 그 빛을 따라갔고 배회의 끝이 야구장이었다. 그리고 그날 나는 롯데 자이언츠와 LG 트윈스의 경기를 봤다. 그게 화근이었다.

야구라는 건 보통 9회까지 진행되곤 하는데, '엘롯라시코*'는 그 보통의 기준을 과감히 깨부순다. KBO가 아무리 경기 시간을 줄이려고 발악을 해봤자 '엘롯라시코'가 건재한 이상 불가능하다. 이 두 팀이 붙으면 경기 종료 시각은 미정이기 때문이다. 그래도 각자 다른 팀과 경기를 할 때는 나름 의젓하고 프로다운 척을 하는데, 서로 만나기만 하면 누가 더 못하는가 겨루기라도 하는지 바보로 타락해버린다. 안타가 뭐야? 치는 법 까먹었어. 삼진이 뭐야? 잡는 법 까먹었어. 이런다.

도피성으로 야구장에 방문한 그날도 두 팀은 연장 10회인가, 11회까지 경기를 했다. 완전히 지쳐버린 몸을 이끌고 집에 도착해서 씻고 나오니 자정에 가까운 시간이었다. 그런데 뭔가 개운한 느낌이었다. 분명 난장판 같은 경기였는데, 여기서 묘한 위로를 받았다고 해야 할까.

프로가 하는 야구도 이렇게 엉망이고 헤매는데, 나도 좀 부딪히고 실수해도 괜찮을 것 같은 기분이 들었다. 또, 가는 길이 멀고 험준해 희열과 좌절을 여러 번 반복하더라도 야구는 결국 끝이 나고 다음 날이면 새로운 경기가 열린다는 점도 좋았다. 남들은 9회에 경기가 끝나지만, 뭐 어때. 11회든 12회든 길고 지리멸렬해도 결국은 끝나는데. 그날, 나는 엉망인 하루임에도 제법 잘 잤다.

14안타 1득점, 창조 병살*, 무박 2일 경기, 양 팀 마무리 투수의 동시 블론 세이브*, 끝내기* 실책, 3연속 연장전, 1이닝 3실책⋯. 이것만 들어도 기가 막히는데 연장에서 만루 홈런을 치고도 진 팀이라는 KBO 최초의 기록을 달성한 것도, 역사상 최초의 끝내기 낫 아웃* 폭투*, 무자책 8실점이라는 진기록을 세운 것도 모

두 '엘롯라시코'가 쓴 역사다.

미켈란젤로는 24살에 〈피에타〉라는 역사에 남을 걸작을 만들었는데, 너희는 저런 흑역사를 쓰는구나. 분명히 최악이고 끊어야 하는데 못 끊겠다. 팬들을 야구장 안에 5시간 동안 감금해놓는데 팬들은 〈사랑한다 LG〉같은 걸 부른다니까요? 이거 완전 스톡홀름 증후군 아니냐. 그렇다고 경기장 밖으로 나갈 수도 없다. 혹시 내가 나가면 재밌는 경기를 할까 봐. 내가 잔 다음에 재밌는 얘기를 할까 봐 꾸역꾸역 안 자려고 버텼던 학창 시절 수련회 때처럼 어떻게든 끝까지 봐야 하는 게 '엘롯라시코'다.

아무튼 그날의 '엘롯라시코' 이후 정신을 차려보니 시즌권을 끊고 매일 야구장에 앉아 있는 나를 발견했다. 이렇게까지 진심이 될 생각은 없었는데…. 비가 오는 날에도, 역대급 폭염이었던 날에도 야구장에 갔다. 학교 강의실은 에어컨도 틀어주고 비도 막아주는데 말이다. 24살의 내가 피에타는커녕 뭐 하나 이루지 못한 이유다. 핑계가 구구절절하고 길었다. 그러니까 정리하자면, 시발점은 '엘롯라시코'였다는 거다. 시발… 점.

그런데 지금도 제일 기대되는 경기를 꼽으라면 단연 '엘롯라시코'다. 논리적으로 이해할 수 없는 플레이들이 섞여서 기괴한 경기를 만들어낸다. 그런데 희한하게도 이게 너무 맛있다. 묘하게 중독이 되고, 어이없게 위로를 받기도 한다.

회사에서 큰 실수를 한 날에도 '엘롯라시코'는 나에게 괜찮다는 말을 건넸다. 되돌릴 수 없는 끝내기 실책을 해도 다음 날 새로운 경기가 열리고 만회할 기회는 얼마든 널 기다리고 있다고. 선발투수가 퀄리티 스타트 플러스*를 해도 경기를 내줄 수 있고, 연장전에서 만루 홈런을 쳐도 패배할 수 있다고. 그렇게 치사한 게 인생이니 너무 자책하지 말고 쉽게 무너지지 말라고. 졌다고 해서 네가 기록한 호투*와 홈런은 사라지는 게 아니라고. 반면 내내 못하다가도 찰나의 순간 어영부영 승리를 쟁취할 수도 있는 게 삶이니 그것 또한 너무 기대되지 않냐고. 진다고 해서 그것이 완전한 끝을 말하는 게 아니고, 이겨도 흠 없이 완벽한 건 없다고. 병살*, 실책, 폭투, 블론 세이브, 역전과 재역전이 혼재된 '엘롯라시코'는 나에게 이런 것들을 알려줬다.

요즘은 대학생 때처럼 매일 야구장에 갈 수는 없지만, '엘롯라시코' 경기가 있을 때마다 일부러 챙겨 먹는 음식이 있다. 바로 부대찌개다. 전쟁 직후, 먹을 게 부족했기에 있는 재료 없는 재료 이것저것 던져 넣다가 생긴 음식이라는 부대찌개.

캔 안에 들어 있는 햄은 숟가락으로 숭덩숭덩 퍼내서 담는다.

칼로 썰지 않는 이유는 간단하다. 칼로 썰면 매끈하고 깔끔한 단면이라 보기에는 좋지만 뭔가 심심하다. 숟가락으로 투박하게 퍼내면 모양과 크기는 제각각이지만 거친 단면에 국물이 걸죽하게 스며들어 재미난 맛이 난다.

프랑크 소시지와 베이컨도 넣어야 한다. 신 김치를 종종 썰어 넣어도 좋다. 너무 많이 넣으면 김치찌개 맛이 나니 주의할 것. 참, 대파와 다진 마늘도 넣어야 하고 취향에 따라 베이크드 빈스도 준비하자. 가끔 냉장고에 유통기한이 간당간당한 치즈나 두부, 떡이 있으면 넣기도 한다. 고추장, 고춧가루, 액젓, 간장으로 양념을 만들어 사골 육수를 붓고 끓이면 끝이다.

이제 막 TV에서는 경기 개시 음악이 나온다. 오늘의 선발투수는 LG 트윈스 임찬규와 롯데 자이언츠 박세웅. 두 팀 토종 에이스의 맞대결이다. 보글보글 끓고 있는 냄비를 내려다본다. 여러 재료들이 한데 섞여 난장판을 이루며 끓고 있다. 국물을 한 숟갈 뜬다. 자극적인 맛이다. 아, 마침 롯데의 실책이. 아니, 왜 또 거기서 견제사를 당해. 속이 부글부글 끓는다. 부대찌개도 여전히 난장판으로 끓는다. 약불로 줄이고 재료 사이에 꾸덕하게 배어든 양념의 맛을 느껴본다. 그렇게 천천히 오래 끓이며 먹는다. 오랜만에 먹으니 너무 맛있다고 혼잣말을 중얼거리며. 라면 사리까지 넣어 다 먹으면 분명 속이 부대낄 것이다. 하지만 또 이 맛이 생각나고 먹고 싶겠지. 그게 부대찌개고 '엘롯라시코'다.

미켈란젤로 시대에 게임이 있었으면 미켈란젤로도 게임을 했을 거라는 우스갯소리가 있다. 그런데 진짜 우스갯소리 아니고, 그 시대에 야구가 있었으면 미켈란젤로도 '엘롯라시코'를 봤을 거다. '엘롯라시코'는 못 참지. 그러니 미켈란젤로, 나랑 무승부다.

당신 인생의 등장 곡은 무엇인가요
뵈프 부르기뇽

누군가 나에게 '대한민국 3대 등장'을 꼽아보라고 한다면 나는 주저없이 이정재, 강동원 그리고 홍창기를 꼽겠다.

이 3명의 등장에는 공통점이 하나 있는데, 등장할 때 음악이 배경으로 깔린다는 것이다. 〈관상〉에서 수양대군 역의 이정재가 화면 안으로 천천히 걸어 들어올 때, 둥둥거리는 저음과 서늘할 정도로 웅장한 음악이 깔린다. 그가 한 발 한 발 걸어 나올 때마다 그의 존재감이 관객의 숨통을 조여온다.

〈늑대의 유혹〉속 강동원의 우산 장면은 또 어떤가. 쏟아지는 빗소리와 함께 흐르는 음악은 마치 강동원과 단둘이 우산 섬에 갇힌 듯한 느낌을 준다. 모든 풍경이 느릿하게 흐르는 것처럼 느

꺼지고, 우리는 그에게서 눈을 뗄 수 없이 분위기에 잠식당하고 만다.

마지막으로 홍창기. 경기가 시작되고 장내 아나운서가 "1번 타자, 우익수 홍창기!"라고 외치면 〈빅토리어스Victorious〉가 야구장에 울려 퍼진다.

Tonight we are victorious

Champagne pouring over us

All my friends were glorious

Tonight we are victorious

홍창기는 방망이를 어깨 위로 들어 돌리며 천천히 걸어 나온다. 오타쿠적 상상력이 발동되면, 가끔 그 방망이가 마치 전장의 검처럼 보이기도 한다. 등장 곡 효과일까, 타석으로 향하는 발걸음이 이 밤의 승리를 쟁취하고 영광의 시대를 재건하는 숙명을 가진 만화 속 주인공처럼 느껴진다.

아니, 등장하는 건 홍창기인데 왜 내가 벅차오르는 건지. 물론 이렇게 벅차올랐다가도 출루를 못하면 〈빅토리어스〉고 나발이고 "홍창기 부진하네" 소리가 절로 나온다. 참고로 홍창기는 팬들을 너무 곱게 키워서 1일 2출루를 해도 부진하다는 소리를 듣는다. 이래서 너무 잘해주면 버릇 나빠진다는 소리가 있는 거구나. 홍창기는 밀당에 소질이 없는 듯.

아무튼 우리는 이제 눈만 높아져서 홍창기가 아닌 1번 타자는 못 볼 것 같다. LG 팬들은 경기 개시 음악도 라인업* 송도 아닌 〈빅토리어스〉가 야구장에 울려 퍼져야 진짜 야구가 시작됐다 인지하게끔 훈련된 파블로프의 개들이라서.

어쨌거나 내가 등장하는 순간 나만의 등장 곡이 깔린다는 건 굉장히 만화적인 설정임에 틀림없다. 평범한 야구 선수도 만화 속 영웅이나 영화 속 주인공처럼 만들어주는 효과를 가지고 있기 때문이다.

야구 선수들의 등장 곡을 듣다가 문득 생각한다. 우리들의 삶에도 등장 곡이 흐르면 어떨까? 그런데 생각해보면, 사실 우리는 이미 등장 곡을 최소 하나씩은 가지고 있다.

예전에 에디터로 일을 할 때 한 작사가를 인터뷰할 기회가 있었다. 버즈의 〈겁쟁이〉, 거미의 〈기억상실〉, 아이유의 〈미아〉, 장혜진의 〈마주치지 말자〉, 하동균의 〈그녀를 사랑해줘요〉, 이승기의 〈하기 힘든 말〉, 휘성의 〈불치병〉…. 그야말로 히트곡 메이커

이자 그 시절 싸이월드 BGM과 노래방 18번을 모두 책임진 굴지의 작사가였다. 그분에게 영감의 원천에 대해 묻고 대화를 나누다가, 재미있는 에피소드를 하나 들을 수 있었다.

"가끔 새벽에 친구들한테 전화가 와요. 전화를 받으면 뒤에 내가 작사한 음악이 흐르고 있단 말이죠. 무슨 말을 하려나 들어보면, 다들 자기 이야기래요. 어떻게 가사가 다 자기 이야기일 수 있냐고. 막 헤어진 놈이 술 마시고 노래방 가서 노래 부르다가 가사에 이입을 한 거죠. 가사 속 주인공이 자기가 된 거야."

당시에는 웃었지만, 솔직히 남 이야기 같지 않았다. 나조차도 한때 '이거 완전 내 이야기잖아!' 했던 노래가 여럿 있었기에. 특히 어떤 이별을 했거나, 힘든 일로 마음이 많이 흔들릴 때 유독 노래 가사에 쓰인 보편적인 감정조차도 유일하고 특별한 내 이야기처럼 느껴졌다.

노래 속의 주인공처럼 되고 싶어 들었던 노래도 있다. 자존감이 바닥을 칠 때, 나는 일부러 2NE1의 〈내가 제일 잘나가〉를 반복 재생하곤 했다. 특히 중요한 발표 전이나 약속이 있는 날이면 이 노래가 내 등장 곡이었다. 그러니 살면서 '내 이야기 같다' 혹은 '내 이야기였으면 좋겠다'라고 생각한 노래가 하나라도 있다면, 그게 그 시절의 나를 대변하는 등장 곡이 아닐까. 그 노래가 나를 가사 속 주인공으로 만들어주니까.

요즘은 트리플에스의 〈걸스 네버 다이 Girls Never Die〉를 자주 듣는다. 물론 지금의 나는 '걸스'가 아니긴 하다. 회사를 다니다 다시 학교로 돌아와 대학원생이 되면서 내 부족함을 여실히 깨닫고 있기 때문이다.

무릇 공부란 내가 무엇을 모르는지 정확히 알아가는 굴욕적인 과정이라는데, 솔직히 나는 처음부터 끝까지 다 모르겠어서 그냥 매일이 굴욕이다. 번뜩이는 연구 주제를 곧잘 발굴해내고 의미 있는 연구를 해내는 동료 대학원생들을 보며 자존감이 실시간으로 떨어지기도 한다. 학술지에 실린 우수 논문을 볼 때마다 내 누추한 논문이 초라하게 느껴진다. 나는 어쩌면 등록금이라는 거금을 주고 자괴감을 산 셈이다.

그렇게 괴롭다가도 노래를 들으며 요리를 하면 기분이 조금 나아진다. 나를 위해 아주 정성스러운 음식을 만드는 과정은 마치 나를 한 이야기의 주인공으로 추대하는 행위 같아서. 현실은 평범한 대학원생이지만 그 노래 안에서는 용감한 전사가 될 수 있어서.

그래서 마음이 힘든 날에는 일부러 아주 정성스러운 시간이 필요한 음식을 하기도 한다. 이름부터 낯설고 발음조차 익숙하지 않은 이국의 음식, 말하자면 '뵈프 부르기뇽' 같은 거 말이다.

"끝까지 가볼래. 포기는 안 할래, 난."

노래를 흥얼거리며 샬롯과 양송이버섯, 베이컨, 당근, 소고기를 썬다. 버터를 녹인 후 베이컨을 볶고, 잠시 덜어둔다. 베이컨 기름에 양지나 채끝과 같은 소고기를 올려 마이야르 반응을 일으키며 겉면만 바싹 익힌다. 그리고 이것도 잠시 덜어둔다. 올리브유를 두르고 샬롯과 당근을 볶는다. 샬롯이 투명해지면 베이컨과 소고기를 다시 넣고 전분 가루와 레드 와인, 홀 토마토, 치킨 스톡, 허브 4종(로즈마리, 타임, 루콜라, 파슬리)을 넣고 뭉근히 끓인다.

뵈프 부르기뇽은 유난히 자주 들여다보고, 여러 번 저어줘야 한다. 그냥 방치하며 끓이는 음식이 아니라, 아주 정성스럽게 살펴야 한다. 정말이지 비위 맞추기 힘든 요리다. 그런데도 가만히 젓다 보면 마음이 편안해진다.

참, 양송이버섯은 버터에 따로 볶아서 맨 마지막에 넣어야 한다. 버섯을 냄비에 넣고 오래 끓이면 식감이 무르기 때문이다. 뵈프 부르기뇽이 끓는 동안에 감자 껍질을 벗기고 삶아서 으깨 매시드 포테이토도 만든다. 완성된 뵈프 부르기뇽 위에는 치즈를 갈아 올리고, 매시드 포테이토와 함께 접시에 담는다.

뵈프 부르기뇽은 오묘하고 섬세한 맛도 맛이지만, 재료 하나하나를 조심스럽게 다루고 번거로운 과정을 거쳐 완성된다는 점이 되레 매력으로 작용하는 음식이다. 오늘은 분명 나 자신을 의심하는 하루였다. 나의 무지 앞에서 좌절하고, 동료들의 업적에 기가 죽고, 나의 한계를 적나라하게 마주한 날. 그런데 이렇게 자존감이 바닥일 때, 우리는 스스로에게 주연의 기회를 줄 필요가 있다. 노래를 흥얼거리며 노래 속 주인공이 되기도 하고, 나만을 위한 만찬을 준비해 마치 프랑스 영화 속의 씩씩한 주인공이 된 것 같은 기분을 내기도 하면서 말이다.

평범한 일상에 나만의 등장 곡을 재생하는 일, 그리고 나를 위해 정성스럽게 요리를 하는 일. 이 두 가지는 어쩌면 같은 맥락에 있는지도 모른다. 이제 나는 당신에게 묻고 싶다.

지금, 당신의 등장 곡은 뭔지.

그리고 오늘, 당신을 주인공으로 만들어줄 요리는 뭔지.

입맛의 출처
오이지무침

 손 부채질을 하며 집으로 돌아오니, 김치 통을 꺼내 오이를 차곡차곡 담고 있는 엄마의 모습이 보였다. 고개를 돌려 거실을 보니, 태양의 그림자가 아주 깊숙이까지 들어와 있었다. 학원을 마치고 왔으니 오후 7시가 넘은 시간이었다. 그럼에도 여전히 햇빛은 집 안의 일을 간섭하고 있었다. 아, 여름이 왔구나.

 김치 통에 쌓여가는 푸른 오이를 보며, 거실에 켜켜이 쌓이는 주황빛 노을을 보며, 나는 여름이 가까워짐을 체감한다. 이것은 일종의 계절 학습이었다. 엄마는 여름이 가까워질 때마다 오이지를 담그기 때문이다. 이때쯤 하복을 꺼내 세탁소에 맡겼다. 이제 한 일주일 뒤면 하복을 입고, 오이지를 먹을 수 있다는 말이다. 깊어지는 여름과 함께 오이는 말랑하고, 또 아삭해진다.

"엄마, 오늘은 오이지 먹을 수 있어?"

금세 더워진 날씨에 입맛이 뚝 떨어질 때면, 엄마는 숙성해둔 오이지를 비장의 무기처럼 꺼냈다. 송송 썰어낸 오이지를 깨끗하게 삶은 면보에 담아 꾹 눌러 물기를 뺀다. 손이 빨개질 정도로 물기를 짜더니, 남은 물기까지 짜낼 심보로 면보 위에 평평하고 묵직한 누름돌을 올려 잠시 방치한다. 유독 꼬들꼬들하고 오독한 식감을 좋아하는 나를 위해서다. 30분이 지나 물기가 완전히 빠지면 고춧가루 1큰술과 매실청 1큰술, 참기름 1큰술을 넣고 살살 무쳐낸다.

엄마가 오이지무침을 만드는 동안, 나는 녹차 가루를 꺼낸다. 얼음물에 녹차 가루를 진하게 타고, 거기에 밥을 만다. 녹찻물밥에 엄마표 오이지무침을 두어 점 올려 먹으면, 입안 가득 퍼지는 감칠맛으로 잠시나마 더위가 잊힌다. 쌉싸래한 녹차 향이 혀끝을 감싸고, 오이지무침의 새콤한 맛이 따라붙는다.

나는 여름이 올 때마다 습관처럼 이 맛을 찾는다. 해마다 더위의 기미가 보이기 시작하면, 그리고 노을빛이 깊어질 무렵이면, 오이지를 꺼낸다. 나의 여름 일상에는 오이지가 매일 등장한다.

오이지를 일주일에 7번은 먹기 때문이다. 어느 날에는 유튜브 구독자 중 1명이 내게 묻기도 했다. 녹찻물 밥에 오이지무침을 먹는 게 독특해 보였는데 막상 해먹어 봤더니 너무 맛있다고. 어떻게 이 조합을 찾았냐며.

이 조합의 시작을 반추해보면, 무지막지하게 더웠던 어느 한여름날이 떠오른다. 엄마가 학교에서 돌아온 나에게 밥을 차려줬는데, 더위에 입맛이 없던 나는 반찬을 깨작거렸다. 엄마는 내 밥그릇을 가져가 물을 붓더니 얼음을 몇 개 동동 띄워주고, 고운 녹차 가루를 넣어 정성껏 녹였다. 그리고 "이거랑 같이 먹어봐" 하고 오이지무침을 곁들여줬다. 그게 시작이었다.

처음에는 무슨 조합인가 싶었다. 하지만 오이지무침의 아삭한 식감과 얼음 동동 띄운 녹찻물 밥의 시원함이 입안에서 만나자, 몸이 축 늘어지던 더위가 조금씩 가라앉음을 느꼈다. 고춧가루로 매운 맛을 낸 깔끔한 알싸함과 쏘는 듯한 새콤함 뒤로 매실청의 은근한 단맛이 따라오고, 마지막엔 참기름이 감싸는 고소함이 남았다. 흥건한 땀과 함께 입맛도 흘려보낸 날, 이 한 그릇이 모든 걸 되돌려줬다.

엄마는 내게 물었다.

"맛있지? 시원하지?"

나는 말없이 녹찻물 밥을 퍼먹으며 엄지만 척 올렸다. 하지만 물에 밥을 말아 먹는 게 몸에 좋진 않다 보니 녹찻물 밥은 아주 더운 한여름 주간의 하루이틀 정도에 한해 허락됐다. 공식적으로는 그랬단 말이다.

엄마는 녹찻물 밥을 너무 자주 먹으면 안 된다고 하면서 자신은 자주 먹었다. 왜 엄마만 먹냐며 삐진 척을 하면, 엄마는 장난스러운 표정으로 "어? 들켰네" 하고는 녹찻물 밥을 말아줬다. 그렇게 선풍기 바람을 맞으며 나란히 앉아 녹찻물 밥과 오이지무침을 먹은 여름날이 많았다.

무심히 틀어놓은 TV에는 LG 트윈스의 야구 중계가 한창이었다. 그때 오지환이 내야를 빠져나갈 뻔한 어려운 타구를 낚아채듯 잡아냈다. 엄마와 나는 동시에 숟가락을 든 채로 멈춰 1루로 향하는 공을 바라봤다. 결과는 아웃. 우리는 서로를 바라보며 하이파이브를 했다.

"아, 난 오지환이 너무 좋아."

"공 잡는 폼이 정말 류지현 같단 말이지."

엄마와 나는 동시에 말했다. 엄마가 가장 좋아하던 선수는 류지현이었기에, 오지환에게서 종종 류지현의 모습을 발견하곤 하는 것 같았다. 그리고 나의 최애 선수는 오지환. 공교롭게도 둘 다 유격수다.

되돌아보면, 나는 어릴 때부터 류지현의 활약을 강제로 보며 자랐다. 엄마는 야구를 잘 모르던 어린 내게 류지현의 호수비*를 보여주며, 이게 얼마나 대단한지를 연설했다. '꾀돌이'라는 별명도, 전설처럼 내려오던 '신바람 야구'의 주역도 류지현이라는 걸 엄마 탓에 알게 됐다.

1997년 플레이오프* 1차전에서 역전 만루 홈런을 쳤다는 건 귀에 딱지가 앉을 정도로 들었다. 1997년이면 내가 미취학 아동이었던 시기인데, 너무 자주 들어서인지 보지도 않았던 그날의 순간이 가끔은 생생하게 그려질 정도다. 류지현의 은퇴식은 너무 갑작스러워서 기억하고 싶지도 않다고 했다.

나는 자연스레 유격수라는 포지션에 관심을 가지게 됐다. 그리고 2009년 월드베이스볼클래식WBC으로 KBO에 본격 입문한 나는 2009년에 LG 트윈스에 입단한 후 주전 유격수로 자리 잡은 오지환을 좋아할 수밖에 없었다. 내 호오의 출처는 엄마였던 것이다.

생각해보면 녹찻물 밥에 오이지무침을 먹는 것도 마찬가지다. 내 음식 취향은 온전히 나만의 것이라고 하기 힘들다. 엄마가 만들어주는 음식을 먹으며 자랐고, 엄마가 맛있다고 하면 나도 자연스럽게 맛있다고 느꼈다. 엄마가 자주 해주는 음식은 내가 가장 좋아하는 음식이 됐다. 그러니까 내 입맛은 온전히 나 혼자만의 것이 아니라, 엄마의 손끝에서 비롯된 것이었다. 내 입맛의 출처는 엄마였다.

입맛은 기억과 함께 쌓인다. 녹차 가루를 덜어 얼음물에 타던 소리, 오이지를 꾹꾹 눌러 물기를 빼던 손길, 선풍기 바람을 맞으며 나란히 앉아 숟가락을 들던 시간. 그 모든 것이 내 입맛을 만들었다. 엄마가 녹찻물 밥을 말아주지 않았다면, 나는 그 맛을 알지 못했을 것이다. 오이지의 새콤한 감칠맛이 녹차의 쌉싸래한 풍미와 어울릴 수 있다는 걸, 한여름의 밥상이 그렇게 완성될 수 있다는 걸 몰랐을 것이다.

그러고 보면, 나는 늘 엄마를 따라 입맛을 만들어왔다. 단순한 음식 취향만이 아니라, 좋아하는 것, 응원하는 것, 환호하는 방식까지도 그랬다. 엄마가 류지현을 좋아했기에, 나는 자연스럽게 유격수라는 포지션을 눈여겨 봤고, 오지환을 응원하게 됐다. 엄마가 감탄하는 플레이에 나도 감탄했고, 엄마와 함께 환호했다. 어느새 나는 엄마의 방식으로 야구를 보고, 엄마의 방식으로 음식을 먹고 있었다. 솔직히 고백하자면, 내가 야구에 입문할 때 두산 베어스가 아닌 LG 트윈스를 좋아하겠다는 결정을 내리기는 쉽지 않았다. 내 주변에서 야구를 본다는 애들은 모두 두산 베어스의 팬이었다. 그도 그럴 것이 두산 베어스는 2007년, 2008년 모두 한국시리즈에 진출한 강팀이었고 밥 먹듯이 가을야구*에 가던 팀이었기 때문이다.

반면 LG 트윈스는, 내가 야구를 보기 시작한 2009년을 기준으로 봤을 때 마지막 가을야구가 2002년이었다. 사실 우리 집에서는 2002년이 금지어긴 하다. 남들은 2002년 하면 영광의 월드컵을 생각하지만, 우리 집에서 2002년 하면 마해영에게 맞은 홈런을 먼저 떠올린다. 한쪽에서는 "꿈은 이루어진다!" 하고 있는데, LG 트윈스 팬들에게는 "꿈은 안 이루어진다"였던 것이다.

그럼에도 나는 엄마의 영향으로 당연히 LG 트윈스를 좋아하게 됐다. 물론 WBC에서 이치로 스즈키를 잡던 봉중근이 너무 멋있긴 했지만, 사실 엄마의 영향이 조금 더 컸다고 볼 수 있겠다. 그러니까 내 야구 취향의 출처 또한 엄마였다.

그런데 재밌게도 엄마는 LG 트윈스를 좋아하면 안 된다고 했다. 아니 엄마, 자기는 1994년 우승 이야기를 그렇게 자주 반복하고 류지현을 그렇게 좋아하면서 나보고는 좋아하지 말라니. 사실 그건 자기 투사적인 반대였다. LG 트윈스를 선택한 이상, 애매한 마음으로는 좋아할 수 없기 때문이라는 이유였다. 암흑기의 끝이 보이지 않아도, 이상훈과 류지현을 그렇게 떠나보내야 했음에도, LG 트윈스를 좋아하는 걸 멈출 수 없기에 그 고통스러운 길의 시작에 나를 두지 않으려는 엄마의 마음이겠다.

LG를 좋아하는 건 단순한 일이 아니었다. 때로는 기약 없는 기다림이었고, 때로는 끝을 알 수 없는 인내였다. 애써 붙잡아도 멀어지는 승리, 끝내 닿지 못하는 우승. 그런 야구를 사랑하는 일은 분명 쉽지 않았을 테니까.

하지만 이상한 일이었다. 엄마는 LG 트윈스를 좋아하지 말라고 하면서도 나와 함께 야구를 봤다. 유격수가 환상적인 수비를 하면 함께 좋아했고, 경기가 끝난 후에 선수들의 플레이에 대해 끊임없이 이야기를 나눴다. 이기면 이긴 대로, 지면 진 대로 우리는 야구를 곱씹었다. 마치 엄마가 녹찻물 밥을 자주 먹으면 안 된다고 하면서도 정작 자신은 선풍기 앞에 앉아 한 숟갈씩 떠먹던 것처럼. 내가 슬쩍 바라보면 마지못해 얼음 동동 띄운 물에 고운 녹차 가루를 정성스레 탔던 것처럼.

결국 나는 엄마를 따라 LG 트윈스를 사랑하게 됐다. 엄마가 그랬듯이, 나도 내야를 지배하는 유격수에게 마음을 빼앗겼고, 무너질 듯 버티는 팀을 보며 속을 태웠다. 언젠가는 우리가 기다리는 순간이 올 것이라는 기대를 품고, 야구를 보고 여름을 보냈다. 입맛도, 취향도 그렇게 이어지는 것이다. 나의 여름은 엄마가 만들어준 맛으로 완성됐고, 나의 야구도 엄마가 응원하던 팀과 선수가 만들어줬다.

녹찻물 밥에 오이지무침을 올려 먹는 건 여름이 시작될 때마다 반복되는 익숙한 의식이자, 엄마가 내게 남겨준 입맛의 흔적이다. 아마 앞으로도 여름이 오면 나는 또다시 이 맛을 찾게 될 것이다.

사랑하려고 애쓰지 않아도 사랑하게 되는 것들이 있다. 엄마의 밥이 그렇다. 태어나서 처음 먹은 음식이기에, 특별한 노력을 들이지 않아도 그 맛이 익숙해지고 결국에는 가장 그리운 맛이 된다. 애써 선택하려고 하지 않았지만, 자연스럽게 스며든 것들이다. 어느 날 문득 돌아보니 이미 내 일부가 돼버린 엄마를 닮은 입맛처럼, 엄마가 사랑한 것들이 나의 첫사랑이 되는 일은 너무나도 자연스러웠다.

그러니까 내가 오이지무침을, LG 트윈스를, 유격수를 사랑하게 된 것도 모두 필연적인 일이다.

누가 뭐라 해도 난 나야

누구나 실수를 한다. 하지만 프로 야구 세계에서 실수할 수 있는 기회는 누구에게나 공평하게 주어지지 않는다.

그 기회는 굉장히 한정적인 조건이 모두 충족됐을 때 발현되곤 하는데, 첫째는 해당 포지션이 공석이어야 하고 둘째는 기본적인 실력이 갖춰져 있어야 하며 마지막으로는 팀의 성적이 좋아야 한다.

사실 마지막이 제일 중요하다. 빠질 블록이 다 빠져버려 휘청거리는 젠가에서는 찰나의 실수가 매우 치명적이지만, 블록들이 견고하게 채워져 있는 젠가에서는 실수 몇 번쯤 용인이 되는 것처럼. 그런 점에서 문보경은 실수할 수 있는 특권을 가진 자다.

LG 트윈스는 정성훈 이후로 제대로 된 3루수를 찾지 못해 다른 팀들은 공격형으로 데려오는 외인 타자*를 수비형으로 데려오며 줄줄이 망했다. 그런데 갑자기 고졸 신인 3루수가 2군을 폭격하고 뚜벅뚜벅 제 발로 1군에 올라와서는 첫날부터 안타, 다음 날에는 뷰캐넌 선수에게 홈런까지 치며 자신의 이름을 제대로 각인한 것이다.

무엇보다 문보경이 1군 콜업*된 2021년부터 LG 트윈스는 늘 가을야구에 가는 강팀이었다. 문보경이 못하고 실수해도, 형들이 무리하면 어느 정도 만회가 되는 것이었다. 그 덕에 문보경은 어떤 날은 실책을 하고, 어떤 날은 홈런을 치면서 성장할 수 있었다. 하지만 모두가 그런 기회를 누렸던 건 아니다.

사실 문보경을 보면서 암흑기의 오지환을 떠올리지 않을 수 없었다. 암흑기 시절, LG 트윈스는 이긴 날보다 진 날이 더 많았다. 젊은 유격수의 실수 하나에 경기는 회복할 힘도 없이 휘청거렸고 곧바로 팀의 패배로 연결되는 일이 빈번했다. 경기를 지켜보는 팬들에게도 실수는 용납되지 못하는 분위기였다.

그렇기에 그는 여러 번 역적이 됐다. 감독은 '오지환에게 거는 기대를 낮춰야 한다'며 일침을 가하는 인터뷰를 하기도 했다. 여러 번 넘어졌고, 비난 받았고, 그럼에도 다시 일어났다.

그래서 오지환은 넘어진 문보경을 어떻게 일으켜 세워야 하는지 잘 알고 있을 수밖에 없다. 오지환은 순위 경쟁 중인 팀과의 경기에서 끝내기 실책을 하고 눈물을 보인 문보경에게 무슨 말을 해줬냐는 인터뷰 질문에 "내가 실수를 가장 많이 했다. 실수 많이 해본 사람 입장에서 잘 안다. 잔소리를 들으면 실수한 게 계속 생각난다"며 가볍게 대답했다. 그리고 후배가 하루 만에 자신의 실책을 만회하자, "보경이가 잘 이겨냈다. 나보다 나은 선수"라고 치켜세웠다.

어쩌면 그는 자신이 온갖 날카로운 말과 시선에 깨지고 마모되며 경험한 끝없이 어두운 자괴감의 터널을, 아끼는 후배는 걷지 않길 바랐는지도 모른다. 무거운 부담감을 가지고 자기 자신을 자책하며 몰아넣었던 그 암흑의 경험을 후배에게서는 영원히 박탈하고자 하는 것. 그게 암흑기를 온몸으로 감내한 선배의 사랑이라면 사랑이겠다. 한때 '오지배'였던 선배는 문보경이 그저 문보경일 수 있도록 가장 단순한 방식으로 격려했다.

그래서일까. 문보경은 자신의 감정에 솔직하다. 경기가 끝난 후 울었다는 이야기가 종종 들려온다. 선배와 후배, 그리고 아직 경기장을 떠나지 않은 팬들이 있음에도 그는 눈물을 숨김없이 드러낸다. 대부분의 사람들은 눈물을 약점이라 생각해 애써 숨기려 하지만 문보경은 그런 태도를 취하지 않는다. 그건 아마 마음껏 울어도 누군가가 다그치거나 무시하지 않으리라는 견고한 믿음에서 기인된 것이겠다.

눈물을 흘린다는 건 감정을 있는 그대로 마주할 수 있다는 뜻이고, 감정을 마주할 수 있는 사람은 결국 더 강해진다. 실컷 울고 난 후 공수에서 날아다니는 문보경이 그 사실을 증명한다(사실 가끔 못할 때는 강제로라도 울리고 싶어서 양파 1박스를 보내주고 싶을 지경이다). 눈물을 꾹 삼켜야 했던 오지환이 말했듯이 문보경은 '결코 실수하지 않는 선수'가 아니라 '실수를 받아들이고 다시 잘 일어서는 선수'인 것이다.

실수하는 자신을 받아들이는 건 여간 어려운 일이 아니다. 솔직히 스스로가 너무 밉고 꼴도 보기 싫고, 가능하다면 도려내서 어딘가에 유기하고 싶을 정도다. 젠가 게임을 할 때처럼, 실수로 망가진 나 자신의 블록을 쏙 빼내고 싶어진다.

하지만 젠가의 어원은 뜻밖에도 스와힐리어로 '쌓아올리다'라는 의미다. 결국 젠가는 빼내기보다 '쌓아가는 게임'이라는 것이다. 생각해보면 내 실수를 젠가 블록처럼 쏙 빼낸다고 해도 그 블록이 게임에서 완전히 사라지는 게 아니다. 그 블록은 영원한

추방이 아닌, 오히려 가장 잘 보이는 꼭대기에 다시 올려진다. 그렇기에 어떻게 쌓느냐에 따라 그 블록은 무너짐의 원인이 될 수도, 새로운 중심을 잡아주는 기둥이 될 수도 있다.

실수는 결코 없어지지 않는다. 대신 실수 이후의 선택과 관리가 중요하다. 그 순간이 나를 휘청거리게 만들 수도 있지만, 다시 중심을 잡고 균형을 찾으면 그 경험이 나를 지탱하는 기둥이 된다.

물론 젠가는 언젠가 필연적으로 무너지고 만다. 아무리 조심스럽게 쌓아올려도, 어느 순간에는 균형이 깨지고 탑은 와르르 무너지고 만다. 그러나 젠가의 진짜 시작은 그 무너짐 이후에 있다. 무너진 블록들을 정리하고, 다시 하나씩 차곡차곡 쌓아올려야 새로운 게임이 시작된다. 아니, 심지어 게임을 끝내고 싶더라도 블록들을 쌓아올려야 비로소 끝이 난다.

문보경도 마찬가지다. 그는 실수로 인해 무너졌던 순간을 회피하지 않는다. 감정을 주체하지 못하고 울더라도, 결국 다시 자신의 블록들을 쌓아올리며 타석에 선다.

그래서 문보경의 등장 곡은 유독 문보경 본인을 닮아 있다.

누가 뭐라 해도 난 나야

난 그냥 내가 되고 싶어

굳이 뭔가 될 필요는 없어

난 그냥 나일 때 완벽하니까

문보경은 누가 뭐라 해도 난 문보경이라고 선언하며, 오늘도 타석에 선다. 어쩌면 그의 등장 곡은 스스로에게 전하는 다짐처럼 들리기도 한다.

팬들은 그를 보며 작은 실수가 감히 너를 무너뜨리게 두지 말라는 마음으로 응원한다. 아니, 설령 무너지더라도 다시 쌓아갈 수 있는 힘을 갖길 바라며 "누가 뭐라 해도 난 나야, 난 그냥 문보경!"을 외친다. 암흑 속에서 여러 번 휘청거렸음에도 끝내 타오른, 작고 선명한 불씨 같았던 한 젊은 유격수를 떠올리며.

의외로 노래방에서 하면 안 되는 행동
무조림

내게 다음 생이 주어진다면 아주 큰 트럭을 모는 기사가 되고 싶다. 가까운 지인들이나 가족들에게는 이미 여러 번 말하기도 했다. 다시 태어난다면 북미 대륙을 가로지르는 운전 기사가 되고 싶다고. 그 이유는 너무나 단순한데, 노래를 마음껏 부를 수 있어서다. 또한 굳이 북미의 운전 기사가 되고 싶은 이유는 광활한 대륙을 가로지르며 여러 계절과 지형을 만나고 싶기 때문이다.

엄마와 아빠의 미국 유학 시절 이야기를 들을 때마다 자주 등장하는 에피소드가 하나 있는데, 자동차를 타고 동부에서 서부로 미국 대륙을 횡단한 여행이었다. 내내 사막이었다가 갑자기 초원 같은 곳이 나타나기도 하고, 성인 키보다 큰 선인장들이 줄을 이루는 군락지가 펼쳐지기도 하고, 사방이 붉은 바위산이었다가 평지가 되기도 했단다. 서부로 향하다 보니 오후 3시가 넘으면 태양이 정면에서 비춰 너무나 더웠다가도, 해가 지면 몸이 덜덜 떨릴 정도로 서늘해져 고생을 좀 했다고.

동부에서 출발해 시카고, 세인트루이스, 멤피스, 뉴올리언스, 댈러스 등을 거쳐 서부까지 꼬박 1달이 걸린 자동차 횡단 여행은 힘들기도 정말 힘들었지만 매일 새로운 세계를 만나는 기분이었다고 한다. 특히 엄마와 아빠는 서로 돌아가며 운전하곤 했는데, 운전하는 사람이 졸릴 때마다 조수석에 앉은 사람이 노래를 불러주는 것이 암묵적인 룰이었다. 당시 한국에서 히트곡이었던 마로니에의 〈칵테일 사랑〉, 동물원의 〈널 사랑하겠어〉부터 LG 트윈스 팬이었던 엄마의 선곡임이 분명한 패티김의 〈서울의 찬가〉, 미국에 와서 자주 들었던 팝송들까지. 영어 가사는 제대로 외우지 못해 허밍만 하기도 했지만 그게 그렇게 좋았다고. 여러 풍경을 지나며 차 안에서 불렀던 노래들은 영원히 잊지 못할 것 같다고 했다.

부모님의 미국 로드트립 에피소드를 자주 듣고 자란 영향일까. 나는 성인이 되면 가장 하고 싶었던 것이 음주도 아니고 여행이나 외박도 아닌 운전이었다. '차'라는 공간은 내게 로망 그 자체였다. 시간과 수단의 제한 없이 원하는 목적지에 갈 수 있고, 원하는 노래를 마음껏 듣고 부를 수 있는 곳. 이거 완전 움직이는 코인 노래방 아니냐. 물론, 유지비가 코인 수준은 아니긴 하지만.

나는 마음이 답답해질 때면 차 키만 주머니에 넣고 나가, 늦은 밤의 올림픽대로를 달렸다. 영동대교, 성수대교, 동호대교, 한남대교, 반포대교, 동작대교, 한강대교를 거쳐 성산대교까지. 집으로 돌아올 때는 강변북로를 탔다. 강변북로의 커브 길에서 보는 여의도는 정말 아름답기 때문이다. 올림픽대로를 탈 때는 신나는 아이돌 댄스 곡을 들었고, 강변북로를 타고 집으로 돌아올 때는 잔잔한 발라드를 들었다. 소리를 실컷 지르며 따라 부르기도 했다. 그러면 스트레스가 좀 풀리는 기분이었다.

내게 이보다 완벽한 공간은 없었다! 음치인 나도 눈치 보지 않고 노래를 부를 수 있는 노래방이니까. 목적지 없이 달렸던 적이 더 많으니, 나에게 차는 이동 수단이라기보단 노래방에 가까웠다.

그런 내가 또 다른 노래방을 하나 발견했으니, 바로 야구장이었다. 작은 접촉 사고를 당한 이후 이런저런 이유로 몇 달간 운전을 하지 않고 차를 방치해두었는데, 그러니 스트레스 풀 곳이 사라진 셈이었다. 그때까지는 야구를 중계 방송으로만 보곤 했는데, 한참 동안 노래를 부르지 못하자 방송에서 이따금씩 송출되는 응원가가 귀에 들어오기 시작했다. 바로 다음 날 야구장에 갔다. 참고로 그 당시에는 당일에 예매를 해도 응원석에 앉을 수 있었다.

아니, 그런데 야구장에 가니 중계 방송에서 들리던 응원가 말고도 정말 많은 노래가 있더라. 문화 충격이었다. 한 이닝*이 끝날 때마다 응원가를 불렀고 경기가 끝난 후에는 웅장한 〈승리의 노래〉까지 불렀다. 〈서울의 아리아〉를 부를 때는 벅차오르는 마음을 주체하지 못하고 눈물까지 날 뻔했다. 역전의 순간에는 〈사랑한다, LG〉를 불렀는데 내가 누군가를 이렇게나 진심으로 사랑한다고 외칠 수 있는 사람임을 처음 알았다. 왜 연고전 때 학생들이 응원가를 부르며 눈물을 흘리는지 알 것 같았다. 연세대도 고려대도 다니지 못했던 내가 LG 트윈스를 응원하며 연고전을 대리 체험하게 되니 그것 또한 참 '영광스러운' 일이라고 할 수 있겠다.

그때부터 내 차는 주차장에서 생각보다 오랫동안 방치됐다. 야구장이라는 오픈 노래방에 출석했기 때문이다. 차보다 크고 열려 있으며, 마음껏 소리를 지르며 노래를 불러도 이상하지 않은 곳이었다. 매일 다른 풍경은 아니었지만, 매일 다른 드라마가 펼쳐지는 곳이었기에 흥미로웠다. 내 청춘과 젊음은 야구장을 가장한 노래방에서 하루 3시간씩 소비됐다. 1만 원 남짓한 가격에 노래방 3시간 이용이라니 이보다 가성비가 좋을 수 없다. 운전도 3시간 하면 유류비와 톨게이트 비용이 1만 원보다는 더 나온다. 게다가 가끔 '엘롯라시코' 같은 경기가 있는 날에는 서비스 시간도 준다. 그런데 저기요, 서비스 시간 좀 그만 주세요. 5시간이면 서울에서 부산을 가고도 남는 시간입니다. 아이돌 콘서트도 5시간은 안 합니다. 아이 둘 아저씨들이 왜 이리 무리를 해.

야구장은 노래방으로서 모든 게 완벽했지만, 유일한 문제는 LG 트윈스였다. LG 트윈스는 노래방에서 의외로 하면 안 되는 행동들을 자주 했는데, 그건 바로 명품 투수전*을 가장한 (LG 트윈스의) 저렴한 타격전*이었다.

안타 날려라 LG 정성⋯ (안타를 날리지 못했다)
날려라 날려라 박경⋯ (그 또한 날리지 못했다)
당당히 마주하라 LG 이진⋯ (당당히 마주하지 못했다)
채은성 힘차게 날아올⋯ (전혀 날아오르지 못했다)

바야흐로 2014년 6월 24일, NC 다이노스의 찰리 시렉이 LG 트윈스를 상대로 14년 만에 노히트 노런* 기록을 세운 날이었다. 기말고사 주간, 노래를 부르며 스트레스를 풀기 위해 야구장에 방문했지만 노래는 제대로 부르지도 못하고 스트레스만 더 받아서 왔다. 오죽했으면 응원 단장도 오지환이 7회인가에 볼넷*으로 나가자 이때다 싶어서 〈사랑한다, LG〉를 틀더라. 전혀 사랑스럽지 않았는데 말이다. 물론 응원가는 부를 수 있을 때 열심히 불러둬야 한다. 언제 '쌉칠지' 모르는 게 LG 트윈스 야구이기 때문이다. 8회에 〈승리의 노래〉를 불렀다가 마무리가 블론 세이브를 해서 민망한 적도 있긴 했지만, 우선 〈승리의 노래〉를 부르긴 불렀으니 잠시나마 기분은 좋았고 승리한 거라고 세뇌할 수라도 있으니까.

그래서 나는 투수전이 싫었다. 무조건 타격전이 좋았다. 가끔 메가트윈스포*가 터지는 날에는 주전이 아닌 선수들도 출전을 하는데 그럴 땐 평소에 부르지 못하는 응원가도 부를 수 있으니 2배로 좋았다. 〈서울 메들리〉부터 〈여행을 떠나요〉, 〈아파트〉까지 부르고 나면 노래방에서 '뽕을 뽑은' 기분이 든다. 그런데 LG 트윈스는 타격이 강한 팀이 아니었기에 이런 날은 극히 드물었다.

나는 노래를 부르러 야구장에 가는 건데 야구 선수들이 자꾸 노래를 방해해요. 자꾸 노래 취소 버튼을 눌러요. 노래방 금액 환불해주셔야 하는 거 아닌가요? 항의라도 하고 싶었다. 의외로 노래방에서 하면 안 되는 행동이 있는데, 바로 노래 부르는 중간에 끊는 겁니다. 이건 정말 무례한 행동이라고요. 가끔 상대 팀이어도 응원가가 좋은 선수가 나오면 타석에 오래 있어주길 바랐다. "오, 정훈. 자이언츠 정훈!" "타이거즈 브렛~ 필!" "이글스 파워 히터, 한화의 최진행." 솔직히 양 팀 모두 타격전을 하다가, 한 8대 7로 LG 트윈스가 이기는 경기가 제일 재밌다.

그런데 언제부터였을까. 투수전의 매력을 알게 됐다. 우선 타격전 때 처절하게 맞아 나가는 투수들을 보기가 힘들었다. 무엇보다 투수전만의 맛이 있다. 찰나의 실수가 균형을 깨트리고 말거라는 긴장감이, 앞선 투수의 무실점을 책임지겠다는 다음 투수의 비장한 걸음이, 고민하며 사인을 내는 포수와 어떻게든 막아내겠다며 혼신의 한 구를 던지는 투수의 모습이. 비록 노래를 실컷 부를 수는 없지만 마운드 위를 향한 경기장의 모든 간절한 시선들이.

2020년 5월 16일, 키움 히어로즈와의 경기에서 LG 트윈스는 고작 4안타를 치고 1 대 3으로 이겼다. 삼자범퇴* 이닝만 무려 8이닝 중 6이닝. 그런데도 너무 짜릿하더라. 응원가는 거의 부르지 못했지만, 나이가 들어 체력이 약해진 탓일까 아니면 평일 동안 직장인의 피곤함이 누적된 탓일까. 응원가를 많이 부르지 않아도 꽤 괜찮았다. 오히려 오래 앉아 있을 수 있어서 좋다는 생각까지 했다.

그래, 안타 4개 치는 저렴한 타격전이면 뭐 어때. 명품 투수전인데. 이기기만 하면 된다. 물론 9회 말에 정우영이 박동원과 김혜성에게 안타를 맞을 때 얼마나 마음을 졸이며 기도하는 마음으로 봤는지. 더 이상 야구장이 노래방이 아니더라도 충분히 재밌는 것들이 많았다.

"엄마, 나 예전에는 막 안타 치고 홈런 치는 타격전이 좋았는데 요즘은 투수전이 더 재밌더라."

"그치? 엄마도 20대 초반에는 점수 많이 내는 타격전이 재밌었거든. 그런데 어느 순간 투수들이 잘하는 게 재밌더라. 투수전 특유의 슴슴하고 미묘한 맛이 있지?"

엄마는 무를 졸이며 대답했다. 맞다. 슴슴하고 미묘한 맛. 온 집중을 쏟아야 비로소 맛이 느껴지는 무처럼.

내가 어릴 때, 엄마는 고등어조림이나 닭볶음탕에서 고등어, 닭고기 대신에 무를 더 많이 건져 먹으며 "엄마는 무가 제일 맛있어"라고 했다. 그때 나는 엄마가 나한테 고등어랑 닭고기를 더 많이 먹이려고 거짓말을 하는 건 줄 알았다. 어떻게 무가 더 맛있어. 물컹하고 심심한 맛인데. 그건 고등어와 닭고기에 대한 모독이야. 하지만 엄마의 사랑이 그 정도라니, 너무 감동이다. 많이 먹고 얼른 자라서 나도 엄마한테 맛있는 걸 양보해야지! 어린 나는 이런 생각을 하며 즐겁게 살을 쏙쏙 발라 먹었다.

그런데 놀랍게도 이제는 나도 무가 더 좋다. 국물 속에서 천천히 익어가며 양념을 머금은 무는 단단하지만 부드럽다. 속은 촉촉하게 풀어지면서도 겉은 흐트러지지 않고, 한 입 베어 물면 진득하게 배어든 양념과 함께 무가 가진 달큰하고 은은한 본연의 맛이 입안에 퍼진다.

어느새 나는 고등어조림에서 고등어보다 무를 더 많이 집어 먹고(고로 엄마가 경쟁 상대가 됐다) 심지어 고등어 없이 무조림만 해 먹을 때도 있다. 양념장을 만들어 넣고 뚜껑을 닫은 채 푹 졸인 무 위에 참기름을 살짝 두르면 그게 또 별미다. 조금 호사를 부리자면 참치 캔 하나 정도 넣어준다. 무조림을 먹으며 생각한다. 슴슴한 맛 속에 풍부한 여운이 숨어 있다는 걸. 화려한 맛은 아니지만 서서히 물들어오는 맛이다. 지금보다 어릴 적엔 결코 알 수 없었던 깊이의 맛.

어릴 때는 자극적이고 화끈한 맛이 최고였다. 대학생 시절에는 일주일에 3번씩 '엽떡'을 먹었으니 말이다(심지어 요즘은 엽떡을 먹어도 그 안에 든 양배추가 더 맛있게 느껴진다). 그런데 나이가 들수록 미묘하고 조화로운 맛에 마음이 간다. '무 맛'이 그런 것 같다. 조금씩 양념이 물들어가는 맛, 입안에 넣자마자 확 반응이 오는 자극적인 맛이 아니라 천천히 쌓이는 맛.

투수전의 매력도 비슷하다. 한번에 터지는 홈런처럼 즉각적인 쾌감을 주지는 않지만 아슬아슬한 긴장감과 여러 투수들이 책임지며 만들어내는 무실점의 이닝, 주자가 쌓인 가운데에서 타자를 잡아내는 마지막 결정구, 혼신을 다해 실점을 막는 야수들의 수비, 그런 것들이 쌓이고 쌓인 경기는 더욱 곱씹으며 보게 된다. 생각해보면 내가 투수전의 슴슴한 맛을 알게 된 시기는 무가 더 맛있게 느껴지기 시작한 시기와 맞물린다.

지금 내 나이가 많은 나이는 아니지만, 그래도 한 해 한 해 더 살아가면서 인생을 바라보는 관점도 조금씩 넓어지는 것 같다. 어떤 맛은 시간을 들여야만 깊어지고, 어떤 재미는 온전히 집중할 때 비로소 느껴진다. 무의 맛을 알게 되고, 투수전의 맛을 알게 된 것처럼.

그래도 말이다.

날려버려 안타 박해… (찬스를 날려버렸다)

홍창기 안타 안타 날… (안타를 못 쳤다)

무적 LG 승리 위해 날… (승리를 위하지 못했다)

야구를 처음 보는 친구를 데리고 직관 간 날에는 이런 참사가 일어나지 않았으면 좋겠다. 내 친구에게도 응원가를 익힐 시간은 줘야지. 제발. 이건 당사자성 발언이다.

영웅의 여정
배추찜

"오른쪽 높게! 이 타구는 담장 쪽! 담장! 넘어갔어요! 이런 경기를 보셨습니까? 오지환의 역전 스리 런* 홈런! 아웃카운트* 하나를 남겨놓고 다시 리드를 찾아오는 LG 트윈스입니다."

바야흐로 영웅이 등장한 순간이었다. 오지환은 틀림없이 '29년 만의 우승'을 손에 쥐고 귀환하는 영웅의 모습이었다. 일순 모두가 일어나 오지환을 연호했다. 내 앞으로 52번 오지환, 2번 오지환, 10번 오지환 유니폼을 입은 팬들이 보였다. 물론 내 등 뒤에도 오지환이 아로새겨져 있었다.

2023년 11월 10일 금요일, 여전히 그날을 잊지 못한다. 아마 영원히 잊지 못할 것이다. '칼바람'이라는 말이 단순한 관용어가 아니라는 걸, 그날 처음 알았다. 정말 살을 에는 듯한 바람이었다. 패딩에 유광 점퍼까지 옷을 6겹이나 껴입었음에도 맨살이 드러난 부분마다 빨갛게 바람 자국이 남을 정도였다. 선수들은 손을 입김으로 불어가며 수비를 해야 했고, 평소에는 하지 않던 단순한 실수도 나왔다.

평소의 오지환이라면 반드시 잡았을 공이 야속하게 빠져나갔고 그 실책으로 역전을 허용했다. 내 앞에 앉은 2번 오지환 아저씨는 "아이고, 지환아. 어려운 건 다 쉽게 잡는 놈이 이걸!"하며 안타까워했다. 수비 시간은 길어졌고, 바람은 매서웠다. 이후 박동원의 역전 홈런이 나왔지만, 뒤이어 박병호의 재역전 홈런이 터졌다. 박병호의 홈런이 터지는 순간 '홈팀 버프'로 구장 전체 조명이 점멸했는데, 눈앞이 깜깜해지더라. 이 또한 관용어가 아니다. 진짜로 눈앞이 깜깜해졌다. 세상이 망한 것 같았다.

하나둘 자리를 뜨는 팬들도 생겼다. 나는 자리에 멍하니 주저앉았다. 더 이상 추위는 문제가 되지 않았다. 너무 간절하면 오히려 안 되는 경우가 있구나, 생각했다. 나 또한 간절히 원하던 학교에는 불합격했고, 간절했던 장래희망도 결국 이뤄지지 않았으니까.

그런데 되돌아보면 재수를 할 수도 있었고, 여러 번 도전해볼 수도 있었지만 내가 '이쯤 했으면 됐어'라고 지레 포기한 것이긴 했다. 또 실패를 경험하고 싶지 않다며 도망친 거 같기도 하다.

누구나 바라는 my moonage dream
간절히 원하는 난 너의 cream
미치면 어때, 난 그럼 어때

그때 마침 오지환의 등장 곡이 들려왔다. '간절히 원하는 난 너의…' 입안에서 가사를 곱씹었다. 그리고 모두가 알다시피 그는 바로 그 타석에서, LG 트윈스 팬들이 간절히 원하는 영웅이 돼줬다. 아까 실책에 아쉬워하던 앞줄의 아저씨는 "지환아, 고맙다" 하며 눈물을 흘리고 있었다.

나도 울었다. 야구를 보며 운 적은 처음이었다. 만약 그 홈런의 주인공이 오지환이 아니었다면, 이렇게 눈물까지 흘리진 않았을 거 같다. 오지환이 베이스를 도는 동안 영화처럼 52번, 2번, 10번 유니폼이 눈앞에 선명히 일렁였고, 그의 야구 여정이 파노라마처럼 지나가는 듯했다. 그것은 분명한 '영웅의 여정'이었다.

종교학자 조지프 캠벨이 발견한 신화의 원형, '영웅의 여정'은 오지환의 야구 여정과 무척 닮아 있다. 일상에서 시작해 모험의 소명을 받아 정신적 스승을 만나고, 시련과 시험을 거쳐 마침내 부활하고 귀환하는 여정. 사실 영웅은 처음부터 영웅으로 태어나지 않는다. 많은 사람들은 영웅이 모든 걸 다 가진 채로 등장한다고 생각하지만, 오히려 시련을 겪고 고난을 통과해야 비로소 영웅이 된다.

오지환도 그랬다. 그는 실책이 많다는 이유로, 팀이 위기일 때 제 역할을 못 했다는 이유로, 때로는 그저 기대했던 모습이 아니라는 이유로 비난을 받았다. 1차 지명이었기에 될성부른 떡잎처럼 여겨졌고, 수많은 기대 속에 입단을 했다. '프랜차이즈 스타'라는 타이틀은 늘 영광스러운 것만은 아니었다. 더 잘해야 했고, 더 무거운 짐을 져야 했으며, 더 많은 말을 들어야만 했다.

프랜차이즈 스타이기에 주어진 소명도 있었다. 무관無冠의 기운을 깨고 팀을 우승시켜야 한다는 것. 그 길에서 그는 수많은 시험을 겪었다. 류지현 수비 코치라는 정신적 스승을 만났고, 자신만의 방식으로 성장했다. 때로는 무너졌고, 때로는 흔들렸다. 하지만 그는 다시 일어났다. 결국 잠실을 쓰는 유격수 최초로 홈런 20개와 도루* 20개를 기록하며 거포 유격수임을 증명했고,

어느새 LG 트윈스 팬들의 자부심이 됐다. 오지환을 롤 모델로 삼는 후배 유격수들도 생겨났다.

그는 공수를 겸비한 유격수의 증표이자 지표가 됐다. 공이 오지환 쪽으로 가면 안심이 됐다. 어려운 코스도 아무렇지 않게 낚아채 1루로 송구하는 경기고 투수 출신의 강견* 유격수 아닌가. 클러치* 상황에 오지환의 등장 곡이 나오면 기대를 했다. 필요할 때, 결정적일 때 꼭 쳐주는 클러치 히터니까. 이 모든 건 그가 고난을 이겨내고, 부단한 노력을 하며, 끝끝내 버텨냈기에 가능했다. 결국 가장 강한 사람은 포기하지 않은 사람이다. 그러니까 오지환이 그라운드 위에서 증명해온 것은 단순한 기록 이상이었다.

우리가 영웅을 사랑하는 이유는 그 여정이 너무나도 인간적이기 때문이다. 영웅의 여정이란 사실 어느 먼 나라의 신화 속 이야기가 아니다. 우리는 모두 실패하고, 좌절하고, 넘어지며 산다. 때로는 스스로에게 실망하고, 사람들에게 외면당하며, 이만하면 됐다고 스스로를 달래며 포기하고 싶은 순간을 맞닥뜨린다.

하지만 그 순간을 넘어서는 사람이 있다. 다시 일어서는 사람, 끝까지 버티는 사람, 그래서 결국엔 자신의 한계조차 담장 밖으로 넘겨버리는 사람. 우리는 오지환에게서 단순히 승리를 쟁취하는 한 선수를 넘어, 포기하지 않는 한 영웅의 모습을 본다. 그가 겪은 시간과 그가 쌓아온 노력은 우리에게 작은 용기를 준다. 오지환은 LG 트윈스 팬들의 영웅이지만, 동시에 우리가 각자의 삶에서 쓰러져도 다시 일어설 수 있다는 희망의 증거이기도 하다.

꿈만 같았던 경기가 끝나고 집으로 돌아왔다. 집은 따뜻했지만, 한참 동안 밖에 있었기에 아직 한기가 가시지 않아 온몸이 떨렸다. 마침 겨울철 냉장고 속에 항상 구비돼 있는 알배추가 생각났다. 냉장고에서 알배추를 꺼내 반을 가르니 황금빛에 가까운 노란 속살이 드러난다. 냄비 안에 배추를 쌓고 얇은 고기도 몇 점 올린다. 배추에서도 즙이 나오니 물은 아주 조금만. 육수 코인도 한 알 넣고 뚜껑을 덮은 채 중약불에서 15분만 끓이면 된다.

"아, 달다."

배추찜을 한 입 먹고 터져나온 말이었다. 겨울이 깊어질수록, 바람이 매서울수록 배추는 달아진다. 배추는 추운 겨울을 겪어야 비로소 단맛이 깊어지기 때문이다. 혹독한 추위를 이겨내고, 단단해진 잎 사이사이에 단맛을 품는다. 그 시간을 지나지 않고서는 이 깊은 맛이 나올 수 없다. 나는 배추를 한 입 더 베어 물며, 오늘 경기의 오지환을 떠올렸다.

배추가 차가운 공기를 견디며 속을 채워가듯, 오지환도 지난 한 시간 동안 자신과의 싸움을 해야 했다. 쓰디쓴 패배를 맛보고, 질책을 듣고, 때로는 자기 자신조차도 믿을 수 없는 순간을 겪었을 것이다. 하지만 결국 그 시간을 버텨낸 자만이 영웅이 된다.

포기는 배추를 셀 때나 쓰는 말이라는 관용적 표현이 있다. 여러 영웅들의 여정이 있겠지만, 아마 공통점은 하나일 것이다. 포기하지 않는 것. 포기하지 않기에 영웅이 되는 것이다.

오늘따라 배추찜이 참 달다. 오래 참고 견딘 끝에 찾아온 단맛. 나는 오늘의 배추찜을 오래도록 기억할 것 같다. 영웅도 그렇게 완성된다. 쉽게 만들어지는 이름이 아니라, 끝내 포기하지 않는 이에게 찾아오는 이름이니까.

우리는 앞으로도 영웅의 여정을, 오지환의 여정을 응원할 것이다. 우리는 LG 트윈스 팬이니까. 오지환을 응원하지 않을 수 없다.

매일이 기념일
파에야

"와. 오늘 무슨 날이야?"

인스타그램 스토리에 파에야 사진을 올렸더니, 친구에게서 온 DM이다. 음, 무슨 날이지. 오늘이 무슨 날인지 굳이 따지자면, 토마토 파에야를 만든 날이다. "어? 아무 날도 아닌데…"라고 답장을 보낸다. 곧이어 "아니, 음식이 무슨 기념일 같아서 물어봄ㅋㅋ"이라는 답이 온다.

친구의 메시지를 받고 잠시 고민을 해본다. 괜히 달력도 한 번 보고, 오늘 하루를 반추해보기도 한다. 별거 없는 하루였는데. 고민하던 찰나 습관적으로 내 유튜브 채널에 들어가 봤는데 영상 개수가 눈에 들어온다. 동영상 199개.

오늘 영상을 하나 올릴 예정이니, 이제 200개가 된다. 그래, 오늘 토마토 파에야는 영상 200개 업로드 기념으로 하자. 나승엽 선수의 말을 빌리자면, "축하할 일이 있어서 축하합니다"인 셈이다.

파에야를 만드는 것은 어렵지 않다. 다만 다소 번거로울 뿐이다. 마늘을 빻고, 베이컨을 썰어 올리브유에 볶는다. 이때 소금과 후추를 살짝 치면 좋다. 사실 토마토 파에야를 만들 때 가장 힘든 건 이 순간을 참는 것이다. 마늘 기름에 볶아지는 베이컨 냄새를 맡고 있자면 당장이라도 식은 밥을 넣고 볶아 먹고 싶어진다. 그 충동을 참아낼 수 있을 때 비로소 토마토 파에야를 먹을 자격이 주어진다.

아무튼, 베이컨과 마늘이 노릇노릇 익으면 홀 토마토 1캔을 넣는다. 그리고 생쌀을 넣고 물을 붓는다(참고로 홀 토마토는 400ml 캔을 사용했고 생쌀은 300g, 물은 800ml를 넣었다). 한국에 고향의 맛 다시다가 있다면, 서양에는 치킨 스톡이 있다. 이국의 맛을 위한 치킨 스톡도 1조각 넣고, 방울토마토는 반으로 갈라서 올린다. 눌어붙지 않게 저어주며 강불에서 12분 동안 끓인다. 그리고 중불로 내린 후 5분 정도 방치한다. 그 후 새우를 올리고, 뚜껑을 닫는다.

약불로 줄이고 15분 동안 있어야 하는데 그동안 바질과 브리 치즈를 손질해두자. 15분 뒤 뚜껑을 열고, 바질과 삼각형 모양으로 썬 브리 치즈를 올린다. 마지막으로 후추를 갈고, 올리브유를 1바퀴 두르면 끝이다. 파에야는 빨갛고, 브리 치즈는 하얗고, 바질은 초록색이다. 기분이 좋아지는 알록달록한 색감이라 사진을 찍으면 꽤나 화려하고 근사한 음식처럼 보인다. 그래서 아마 인스타그램 스토리에 올린 사진을 보고 친구가 기념일이냐고 물었던 것 같다.

사실상 토마토 즙으로 쌀을 익혔기 때문에, 밥을 씹을 때마다 진한 토마토 향이 입안에서 폭죽처럼 터진다. 눅진하게 녹은 브리 치즈는 고소하고 짭짤한 맛을 더해준다. 새우와 바질도 제법 조화롭게 어우러진다. 파에야의 특성상 밥이 설익은 식감이기 마련이라, 자연스레 더 오래 씹게 된다. 오래, 천천히 음미하며 가만히 생각한다. 200번째 영상 업로드 기념일, 좀 웃기긴 하다. 별게 다 기념일이네. 머쓱해졌다.

그때였다. 오늘 경기로 홍창기가 역대 94번째 500 사사구*를 달성했단다. 축하한단다. 아니, 홍창기가 배트를 내지 않으면 볼이긴 한데 사사구도 기념을 해? 몰랐어. 별게 다 기념이네? 재밌다. 그러다 문득 떠오른다. 어제는 김진성이 역대 8번째 120홀드*를 달성했었는데. 그제는 박동원이 역대 79번째 600타점*을 달성했었네. 그러니까 LG 트윈스는 어제도 기념일, 오늘도 기념일이다. 어쩌면 내일도 기념일이 될 수 있겠지. 설레는 일이다.

생각해보면 야구는 매일이 기념일이다. 그럴 수밖에 없는 게, 우선 월요일을 제외한 매일 경기가 있다. 그 말은 수만 명의 관중 앞에서 축하받을 수훈 선수가 매일 5명이나 나온다는 것이다. 첫 출루, 첫 안타, 첫 홈런, 첫 삼진*, 첫 홀드, 첫 세이브* 등 신인 선수가 타석이나 마운드 위에 서면 선배들이 더 유난이다. 안타라도 치고 나가면 선배들이 더그아웃*에서 뛰쳐나와 상대 팀 선수에게 얼른 공을 달라고 손짓하기 때문이다.

나는 그래서 농구나 축구에서도 첫 골을 넣으면 그 공을 기념구로 주는 줄 알았다. 당연히 아니란다. 야구는 그 작은 공에 '대선수가 되세요' 같은 문구와 날짜까지 야무지게 적어서 기념구로 주는데. 그뿐인가. 출전, 안타, 2루타, 3루타, 홈런, 사사구, 도루, 삼진, 이닝, 홀드, 세이브⋯. 모든 걸 기념한다. 심지어 지난 5월에는 임찬규가 역대 57번째 5000타자를 상대했다는 것도 알게 됐다. 켈리가 역대 42번째 6시즌 연속 100이닝이라는 것도.

그러니까, 아무리 사소한 것이라도 꾸준히 하면 그것을 기념해주는 게 야구다. 사실 꾸준함이 가장 어렵다는 사실을 알기에, 우리는 그들을 향해 기꺼이 박수를 보낸다. 그의 기념일을 진심으로 축하해준다. 설령 경기를 지고 있어도 전광판에 기록 달성 내용이 뜨면 팬들은 무조건 반사로 환호를 한다. 물론 이기고 있으면 더 좋고. 2600루타 같은 게 홈런이면 금상첨화다. 베이스를 도는 시간 동안 팬들이 환호, 박수, 응원가 3종 세트를 내내 '말아주기' 때문이다.

그런 걸 보면, 야구는 축하를 가장 오래 받을 수 있는 스포츠가 아닐까 생각한다. 예를 들어, 홈런을 치면 약 1분에 가까운 시간 동안 1만 명이 넘는 관중이 그 선수만을 향해 축하를 전한다. 베이스를 도는 동안만큼은 야구장이 오로지 그만을 위한 무대가 되는 것이다.

누군가는 '야구는 2600루타 같은 것까지 기념해?'라고 할 수 있다. 그런데 생각해보면, 매달 14일마다 밸런타인데이니 화이트데이니 허그데이니 하는 기념일이 있는 것도 사실 누군가에게는 상술이겠지만 누군가에게는 기회다. 평소에는 쑥스러워서 미처 진심을 전하지 못했지만 기념일이라는 핑계로 초콜릿이라도 하나 전할 수 있는 거니까(물론 밸런타인데이는 애초에 상술이 아니라 유서 깊은 기념일이긴 하다).

 야구도 마찬가지다. 110홀드, 300 2루타, 1000득점을 빌미로 선수들에게 수고했다고, 잘했다고, 최고라고 마음을 전할 수 있다. 매번 밉다, 왜 이렇게 못하냐, 내일부터는 야구 안 본다 해놓고서 '뭐? 박해민이 역대 5번째 400도루라고? 당장 축하해주러 출동하겠습니다' 하는 기세로 축하 댓글을 다는 팬들도 다 이런 마음일 것이다. 낯 간지러워서 이런 말을 잘 못하는 나조차도, 고우석의 기록 달성 기념 글에는 정말 자랑스럽다는 댓글을 남겼다. 정말 고우석이 우리 팀 마무리라 자랑스럽고 고마운 마음이었고, 무엇보다 기념일이기에 용기를 낸 것이다.

 사랑하는 사람들이 굳이 기념일을 만들어 챙기고 약속하는 것도 이런 맥락이 아닐까. 기념을 해야 오래 기억할 수 있고, 오래 기억하면 결국 더 소중해지는 법이다. 그래서 우리는 매일이 기념일인 야구를, 축하가 만연한 야구를 사랑할 수밖에 없다.

 가끔 야구장에서 환호를 할 때마다 생각한다. 내가 누군가를 이토록 온 마음을 다해 진심으로 축하해본 적이 있나? 뭔가를 기념할 여유조차 없는 세상 속에 야구장만큼은 아낌없는 축하의 공간이다. 기쁨을 나누는 일이 어색하지 않고, 환호를 보내는 일이 망설여지지 않는 곳.

여러 기념이 있는 야구처럼, 나도 그렇게 살아가고 싶다. '고작?' '이런 걸로?' 같은 말로 재단하지 않고, 아무리 사소한 것이라도 꾸준함에 박수를 보내고 의미를 부여하며, 스쳐 지나가는 순간들도 기념해 오래 기억할 수 있도록. 내가 200개의 영상을 만든 것도 기념하고, 맛있는 파에야를 만든 것도 기념하려고 한다. 그러니까, 야구처럼 내 인생도 별게 다 기념일이었으면 좋겠다.

실패 축적의 법칙
감자전

 원래 만루라는 것은 칠 만한 사람이 다 치고 나가서 만들어지는 것이다. 그럼 만루가 만들어진 못 칠 만한 놈이 나와야 하는 거 아닌가? 왜 만루가 됐는데 김도영이 나오는 거지? 왜 칠 놈이 무한 리필되는 거냐고. 이거 밸런스 붕괴야. 양손으로 머리를 감싸고 고개를 숙였다. 차라리 안 볼란다.

 "어, 야. 괜찮아. 괜찮아! 오늘 김도영? 쟤 하나도 못 쳤어! 삼진, 삼진, 땅볼이네!"

 나왔다. '야빠'를 향한 일반인의 순박하고도 잔혹한 위로.

 아니, 오늘 하나도 못 쳐서, 그래서 안 괜찮은 거라고. 그래서 더 무서운 거라고…. 안타 하나도 못 친 김도영? 이건 공포영화에서 귀신 나오기 직전의 전조 단계 같은 거라고.

KIA 타이거즈 팬들은 입을 모아 만루 홈런을 외쳤다. 부탁입니다. 만루 홈런 외치지 말아주실게요.

"만루 홈런이 뭐야?"

이날이 잠실 야구장 첫 입성이었던 친구는 세븐틴의 노래 〈홈런〉을 통해 홈런이 뭔지는 대강 알고 있었지만, 만루 홈런은 잘 몰랐다. 그리고 그 순간, 김도영은 만루 홈런이 뭔지 내 친구에게 똑똑히 보여줬다. 김도영 님, '야알못' 친구를 위한 확실하고 화끈한 시청각 자료 감사합니다. 나는 잠실 야구장의 가운데 담장을 아득하게 넘어가는 공을 보며, 친구에게 말했다.

"그러니까. 저게, 만루 홈런이야."

주자들이 밀물처럼 밀려 들어오고 있었다.

"괜찮아. 이번엔 소크라테스네. 아까 병살? 그거 쳤다매. 2명 같이 죽는 거"

그만해. 그래서 안 괜찮은 거라고 2번 말했다. 그 순간 소크라테스의 홈런이 터졌다.

"저건… 백투백 홈런*이야."

'야알못'을 위한 생생한 교육 자료가 넘쳐나는 날이었다.

나는 괴로워했고, 친구는 신기해했다.

"어떻게 오늘 내내 죽 쑤던 선수가 홈런을 치지?"

그리고 내게 물었다.

"근데 왜 안타 하나도 못 친 김도영이 더 무섭다는 거야?"

나는 대답했다.

"확률상 이젠 진짜 칠 때가 된 거니까. 타율이 3할인 선수면 10번 중에 3번은 친다는 건데, 오늘 앞선 3번의 기회에서 다 못 쳤으니 4번째 기회에서는 칠 확률이 높을 수밖에 없다는 거지."

친구는 고개를 주억거리며 말했다. "야구, 되게 좋다. 실패를 할수록 점점 기대가 높아진다는 거잖아."

이런 시각은 처음이었다. 그런데 가만히 생각해보니 진짜 그랬다. 출루율 4할의 홍창기가 몇 타석째 출루에 실패하는 걸 보면 '와, 얼마나 몰아서 출루하려고 그래'라는 마음이, 타율 3할의 문보경이 안타를 못 치고 있는데 득점권에 나오면 '오, 이번에 치겠네. 이번에 치려고 아까 안 친 거네'라는 생각이 들었다.

실패? 오히려 좋아. 진짜 중요할 때 치면 그만이야. 역설적이게도 그들이 실패를 할수록 기대는 점차 커져갔다. 9회 말 끝내기 상황에서 5타수 3안타의 2할 초반 타자보다, 5타수 3삼진의 3할 타자가 나왔을 때 묘하게 더 기대되는 게 야구다.

그건 일종의 신뢰라고 할 수 있겠다. 사실 출루율 4할, 타율 3

할 같은 건 여러 시도, 그러니까 여러 타석이 쌓여야 비로소 의미가 생긴다. 우리가 개막전에만 3안타를 친 선수를 보고 시즌 432안타 페이스*라고 하지 않듯, 개막전에 안타를 단 하나도 치지 못한 선수에게 시즌 0안타 페이스라고 질책하지 않는다. 우리가 어떤 선수에게 기대를 한다는 건, 오히려 일고여덟 번의 실수를 목격했기 때문에 가능해지는 감정이다. 원팀맨*에게 더 마음이 가는 이유도 그의 지리멸렬한 실패의 순간들을 더 오래, 자주 봤기 때문일 것이다.

그러니까 어쩌면 야구는 기다림의 스포츠다. 당장 눈앞의 결과만으로 판단하지 않고, 더 긴 호흡으로 지켜보게 만드는 스포츠. 한 타석, 한 경기만으로는 그 선수의 진짜 모습이 드러나지 않는다. 어떤 날은 4타수 무안타로 끝날 수도 있고, 또 어떤 날은 4안타 경기를 할 수도 있다. 실패도 쌓이고, 실패가 쌓인 만큼 기대도 함께 쌓인다.

나에게는 요리가 그랬다. 내가 요리를 취미로 삼게 된 것도 이 이유 때문이다. 실패가 축적될수록 성공이 선명해진다는 게 좋았다. 실패한 요리를 먹을 때마다 생각했다. 다음에 얼마나 맛있게 만들려고 이러나. 실패를 거듭할 때마다 다음 번에 완성될 요리의 맛이 기대됐다.

 내가 감자전을 처음 부쳤을 때를 떠올려보면 가관이 따로 없었다. 반죽이 너무 묽게 돼서 모양이 다 망가진, 감자전으로 명명하기에도 부끄러운 감자 죽이었다. 아니, 이 또한 감자 죽에 대한 모욕이다. 감자 물로 정정해야 한다. 다음 번에는 반죽의 간이 너무 심심해서 싱겁게 느껴졌고, 그다음에는 불 조절에 실패해 태우기도 했다. 엄마가 부쳐줄 때는 몰랐는데 알고 보니 전이라는 거, 되게 까다로운 놈이었다.

 그런데 그렇게 실패를 4번쯤 하다 보니 감이 생겼다. 어느 순간 불 조절의 감각이 익숙해졌고, 소금을 얼마나 넣어야 하는지 손이 기억하기 시작했다. 반죽의 황금 비율도 찾아냈다. 실패한 만큼 배웠고, 시도한 만큼 손에 익었다.

 강판에 간 감자의 물기를 빼고, 전분과 함께 섞는다. 예열을 한 프라이팬에 기름을 두르고 반죽을 올린다. 바삭한 테두리 부분이 많았으면 하는 마음에 큰 감자전 하나를 만드는 것 대신 주먹보다 작은 사이즈의 감자전을 여러 개 만드는 것을 선택한다. 큰 감자전을 뒤집다가 여러 번 찢어지는 실패 끝에 나온 대안이었는데, 바삭한 부분이 많아져서 오히려 좋았다. 처음에는 실패였던 것들이, 나만의 방식으로 다듬어지는 과정이었다.

갓 부쳐낸 감자전을 한 입 베어 문다. 바삭하면서도 쫀득한 식감과 감자 특유의 고소한 맛이 입안에 퍼진다. 실패를 축적한 끝에 찾아온 맛이다. 삼진, 삼진, 땅볼 후 터진 만루 홈런처럼, 실패를 겪을수록 더 맛있는 결과가 온다는 걸 이제는 안다.

어느 기억의 각인

 대체로 기억은 소모되고 또 휘발되곤 한다. 그것이 아마 기억의 축복이자 비극이겠다. 평생 잊지 못할 것만 같은 빛나는 순간도 시간의 흐름에 따라 모래알처럼 마모되기 마련이며, 반드시 잊고 싶은 괴로운 순간도 다행히 언젠가는 조금씩 색이 바래고 희미해진다.

 그런데 어느 기억은 각인이 돼 오래도록 지워지지 않는다. 물리적으로 각인을 시킨 경우가 그렇다. 지금, 나는 그 기억의 흔적과 마주하고 있다.

 23번 차우찬. 유니폼을 정리하다 조우한 이름이었다. 몇 번 입지 않아 새것 같은 유니폼이 아까워 마킹을 제거하기로 마음먹은 게 화근이겠다. 다이소에서 접착제 제거제를 사 와서 유니폼을 뒤집어 마킹에 도포했다.

조심스레 'ㅊ'를 떼어내는데, 생각보다 자국이 많이 남는 것이었다. 이어서 모음도 떼어봤지만, 누가 봐도 '차'의 영혼이 끈질기게 남아 있는 모양새였다. 제거제를 더 도포하고 카드로도 긁어봤지만 조금도 나아지지 않았다. 1시간 동안 유니폼과 씨름을 하다가 문득 이 마킹을 했던 날을 떠올려보게 됐다.

그날은 2018년 10월 6일 토요일, LG 트윈스와 두산 베어스의 시즌 마지막 경기였다.

9회 말 2사 만루, 홈팀인 두산 베어스의 공격이었다. 그리고 스코어는 3 대 1로 겨우 2점 차였다. 타석에는 대타 김재호가 들어왔다. 시즌 타율 3할 1푼의 정교한 타자였다. 안타 하나면 동점, 장타나 홈런이 나오면 곧바로 역전과 동시에 경기가 끝나버리는 끝내기 상황이었다.

그리고 마운드 위에는 차우찬이 서 있다. 1회부터 9회까지 공을 던지고 있는 선발투수였다. 그는 이제 막 120구를 넘기고 있었다. 나를 비롯한 LG 트윈스 팬들은 모두 차우찬을 연호했다. 이 지긋지긋한 두산전 연패를 끊어주기를 간절히 바랐다. 놀랍게도 그 당시 LG는 두산에게 17연패를 당하고 있었고, 18연패의 고지 앞에 차우찬이 지키고 서 있던 것이었다. 심지어 이날 지면, 2018 시즌 두산전 전패였다.

1구, 직구 스트라이크. 2구, 직구 볼. 3구, 직구 파울. 4구, 직구 볼. 5구, 커브 볼. 6구, 직구 파울. 2스트라이크 3볼 풀 카운트* 상황. 공 하나가 잘못 들어가면 실점을 하게 되는 절체절명의 상황. 차우찬은 한참이나 손 안에서 공을 굴리다가, 포수를 바라봤다가, 자신의 마지막 공을 정했는지 고개를 끄덕였다.

우리는 모두 숨을 죽였다. 차우찬의 134번째 공이 날아가는 순간이었다. 그리고 차우찬이 던진 결정구는 그가 가장 잘 던지는 공이자 타자들이 알고도 못 친다는 바로 그 공, 슬라이더*였다. 결과는 김재호의 루킹 삼진* 아웃. 환호가 터져나왔다.

나를 비롯한 팬들은 차우찬을 연호했고, 그는 여느 때와 같이 완투승*을 하고도 큰 표정 변화 없이 묵묵했다. 17연패의 어두운 수렁에서 팀을 끌어낸 우리들의 구원자는 미소만 살짝 머금을 뿐이었다. 그래서 언제나처럼 그 자리에 있을 것만 같았다. 내년 봄에도 마운드 위에서 위력적인 공을 뿌리며 우리에게 승리를 안겨줄 것이라 믿었다. 우리들은 또다시 그의 이름을 연호할 것이라고. 그날, 아무도 그 행복을 의심하는 사람은 없었다.

경기가 끝난 후, 나는 바로 유니폼을 구입하러 갔다. 이미 많은 팬들이 유니폼을 사고 있었다. 여기저기서 차우찬 마킹을 달라는 팬들의 목소리가 들려왔다. 직원들은 분주하게 "차우찬 홈 마킹 얼마나 더 있어요?"라며 재고를 확인했다. 정신없는 시장통 속에서도 사람들은 어쩐지 즐거워 보였다. 흥에 겨운 몇몇 팬들은 '차우찬' 3글자를 냅다 연호하기도 했다. 나는 홈 유니폼과 23번 차우찬 마킹을 구입하고 마킹을 하기 위해 줄을 섰다. 내 유니폼 위로 23번 차우찬의 마킹이 올라갔고 쾅, 하며 프레스가 눌렸다. 23번 차우찬이 유니폼에 각인되는 순간이었다.

팀은 꼴찌에 가까운 8위였지만, 그날의 우리는 꽤나 행복했다. 집으로 돌아가기 위해 탄천 다리를 걷는 길, 23번 차우찬을 등에 단 사람이 꽤 있었다. 나도 그중 하나였다. 2스트라이크 3볼. 모든 카운트가 꽉 차서 도망칠 수도, 피할 수도 없는 결전의 카운트. 실제로 차우찬 그는 풀 카운트에 몰린 상황에서 묵묵하게 자신의 공을 던져 팀을 승리로 견인했다. 그날만큼은 누구보다 23번이 잘 어울리는 투수였다. 잊지 못할 날이 될 것 같다고 생각했다.

그날을 잊고 싶어진 건 얼마 후였다. 10월 6일, 134구로 팀을 구해낸 차우찬은 10월 말에 시즌이 끝난 후 팔꿈치 수술에 들어갔다. 그날의 완투는 뼛조각이 튀어나온 팔꿈치로 이 악물고 던졌던 혼신의 역투였던 것이다. 통증에도 불구하고 등판을 자처했고, 경기를 마지막까지 책임졌던 것이다. 문득 그날 더그아웃으로 들어가며 팔꿈치를 만지는 차우찬의 모습이 떠올랐다. 134구, 지금 생각하면 말도 안 되는 투구 수이긴 했다. 괜히 그날을 잊고 싶어졌다. 외면하고 싶었다.

수술 후 그는 예전 같은 모습을 보이지 못했다. 직구의 구속은 140km/h 언저리를 맴돌았고, 변화구 제구는 흔들렸다. 차우찬을 향해 쏟아지는 무수한 손가락질이 있었다. 고개를 숙이고 마운드 위에서 내려오는 그를 향해, 나는 23번 유니폼을 열렬히 흔들었다. 그는 차가운 수술대에 오르면서 10월 6일 완투승의 그날을 떠올렸을까? 당신 덕분에 더없이 행복했던 그날 우리들의 환호를, 아직도 가슴에 담고 있을까? 적어도 나는 그날을 잊지 못했다. 당신이 던진 그 최후의 1구, 그 슬라이더는 세상에서 가장 아름다운 포물선이었다.

이후 차우찬은 수술과 재활을 이어가다가 2023년 시즌 전 LG 트윈스에서 방출됐다. 그리고 23번 차우찬 유니폼은 옷장의 가장 어두운 구석에 박혔다. 더 이상 입지 못하는 옷, 쓸모가 사라진 옷이 됐다.

그렇게 잊히나 했다. 더 이상 두산 베어스에게 연패를 하는 LG 트윈스가 아니고, 선발투수가 130구 넘게 던지도록 두는 팀이 아니게 됐기 때문이다. 이제는 두산 베어스와의 경기에서 우세 시리즈를 가져가는 날이 더 많아졌고, 언제쯤 가능할까 싶었던 잠실 홈 개막도 우리의 몫이 됐다. 선발투수 뒤에는 든든한 불펜 투수들이 기다리고 있기에, 선발투수가 내려가도 점수를 지켜낼 것 같다는 강한 믿음이 생겼다.

LG 트윈스는 변했다. 연패를 두려워하던 팀은 이제 누군가에게 두려운 상대가 됐고, 잊고 싶었던 계절은 마침내 기억하고 싶은 가을이 됐다.

제거하려다가 오히려 더 깊게 흔적이 남은 '차'를 바라본다. 어쩌면 이 흔적은 프레스가 눌리던 바로 그 순간부터 이미 예고된 일이었을지도 모른다. 그날 차우찬의 역투를, 그의 마지막 슬라이더를 나는 영영 잊지 못할 거라고. 2018년 10월 6일의 나는 그날을 기억하기 위해, 그 순간의 공기를 봉인하듯 차우찬의 이름을 눌러 박았던 것이다. 아마 그날의 여운을 영영 지우고 싶지 않았던 거 같다.

지금도 경기가 끝난 후 누군가가 눈부신 활약을 펼치면, 유니폼을 판매하는 매장으로 향한다. 몸을 날려 멋진 수비를 한 중견수를, 실점 위기에서 1이닝을 완벽하게 막아낸 구원투수를 잊지 않기 위해. 잊지 않겠다는 말 대신, 유니폼 위에 이름을 찍어 누른다. 프레스 기계 아래 이름이 눌리는 순간, 그날의 열기와 감정이 함께 찍혀 들어가는 기분이 든다. 유니폼에 새겨진 이름 하나가 내게는 작은 기념비가 된다.

기억은 늘 소모되고 휘발되니까, 아무리 선명했던 순간도 시간이 지나면 흐려지기 마련이다. 하지만 유니폼에 새겨진 이름은 좀처럼 지워지지 않는다. 단 한 경기의 찬란함일지라도, 그 순간을 온 마음으로 응원한 내가 있었다는 증거를 남기고 싶다. 마킹은 그런 의미에서, 그날의 경기를 응원한 팬으로서 내가 할 수 있는 가장 조용하고 견고한 방식의 예우이자 애정이다.

기억은 흐려지지만, 마킹은 남는다. 휘발되는 것들 속에서도 지워지지 않는 이름 하나가 우리를 오래도록 그 순간에 머물게 한다.

어느 기억은, 그렇게 각인된다.

우연이 아니야
우삼겹 숙주볶음

　우연, 이 얼마나 설레는 단어인가. 우연한 만남, 우연한 기회, 우연한 행운, 우연한 발견, 이뿐인가. 시간이 없어 찍은 문제들이 다 맞는 우연, 좋아하는 친구와 같은 반이 된 우연까지. 예고 없이 찾아오는 그 우연의 순간들은 우리 삶을 보다 드라마틱하게 만들어준다. 평범한 하루를 전혀 예상하지 못한 방향으로 이끌고, 준비되지 않은 마음에 가슴 떨리는 변화를 선물한다. 우리는 그런 우연 앞에서 종종 놀라고, 감탄하고, 때로는 믿을 수 없다는 듯 두 눈을 비비기도 한다. 우연이 있기에 인생은 살아볼 만한 가치가 있는 거라고, 그렇게들 말한다.

　하지만 정말 우연이기만 할까? 나는 이따금씩 생각한다. 우리가 우연이라고 부르는 것들 뒤에는 사실 보이지 않는 필연이 숨어 있다고.

프로 입단 당시 박해민은 드래프트* 지명을 받지 못한 신고 선수*였다. 당연히 프로 첫 데뷔는 화려한 선발 출장이 아니었다. 모두의 환호를 받으며 타석에 등장하는 대타*도 아니었다. 그가 처음 그라운드를 밟은 순간은 최형우의 대주자*로 나왔을 때였다. 팬들은 출루한 최형우를 향해 박수와 함성을 보내고, 선수들조차 출루를 하고 더그아웃으로 돌아오는 최형우를 향해 하이 파이브를 해줬을 것이다. 그 틈을 비집고 조용히, 묵묵히, 박해민은 누상에 들어섰다. 누구도 그의 이름을 연호하지 않았고, 아무도 주목하지 않았다.

2012년에 입단했지만, 그의 첫 안타는 2014년이 돼서야 나왔다. 대수비*로 출장해 들어선 타석에서였다. 화려한 장타도 아니었고, 빠른 발로 만들어낸 번트* 내야 안타였다. 대주자, 대수비. 대부분 누군가의 자리를 메우기 위해 그라운드를 밟았지만, 박해민은 어디서든 이를 악물고 빠르게 뛰었고 공이 날아오면 두려움 없이 몸을 던졌다. 주목을 받는 자리가 아니라고 해서 느슨해지지 않았고, 아무도 환호하지 않는다고 해서 결코 멈추지 않았다.

그리고 2016년의 어느 봄, 마침내 박해민에게 우연이라는 것이 찾아왔다. 경기 시작 직전, 2번 타자로 출장 예정이던 선수가 무릎 통증으로 경기에 나설 수 없게 된 것이다. 그 자리에 급하게 박해민이 투입됐다. 같은 외야 포지션이었기에 가능한 일이었다. 그러니까, 우연이었다. 그는 그날 6타수 3안타 1타점 3득점을 기록했으며 2루타를 2개나 쳐냈다. 그건 우연이 아니었다. 오히려 필연에 가까운 모습이었다. 하루하루 축적된 성실함이 만들어낸 아주 선명한 필연. 한낱 우연이라 부르기엔 너무 정직하고 단단한 시간이었다.

시간이 흘러, 그 우연처럼 보였던 하루는 긴 서사의 서문이 됐다. 그가 뛴 무수한 27.431m는 점차 굵직한 도루 기록으로 이어졌고, 몸을 던졌던 외야 수비는 수많은 하이라이트들이 되었다.

그중 하나가 된 2023년 한국시리즈 5차전. 박해민은 대타로 나온 김민혁이 쳐낸 빠른 타구를 향해 질주했다. 그리고 한순간의 주저함도 없이 몸을 날렸다. 공은 그의 글러브에 빨려 들어갔고, 그는 잔디밭 위에서 한쪽 무릎을 꿇은 채 주먹을 불끈 쥐어 올렸다. 그 순간, 경기장의 공기는 단숨에 바뀌었다. 선수들의 눈빛이 살아나고, 팬들은 다시금 일렁이기 시작했다. 너무나 드라마틱한 수비라서 우연 같아 보이기도 했지만, 박해민을 봐왔던 사람이라면 알 것이다. 그건 우연이 아니고, 그가 오랜 시간 치열하게 다져온 필연이라는 것을.

어쩌면 백승현의 사연도 그렇다. 처음 백승현은 내야수로 프로에 입단했다. 주 포지션은 유격수였다. 하지만 그 포지션에는 오지환이라는 탄탄한 주전이 있었다. 그럼에도 포기하지 않고 더욱 안정적인 수비를 위해 송구 연습을 한다고 했다.

그러던 어느 날, 질롱코리아에서 우연한 기회로 마운드에 오르게 됐다. 그리고 공을 뿌린 순간, 모두가 놀랐다. 포수 미트에 꽂히는 강속구의 구속은 정확히 153km/h였다. 그건 우연의 모습을 가장한 필연임에 틀림없었다. 유격수로 살아남기 위해 매일같이 땅볼을 잡아 송구 연습을 했던 그였다. 정확하고 빠른 송구를 위해 몸을 만들어온 시간이 없었다면 백승현은 그날 마운드 위에서 그런 공을 던질 수 있었을까.

공은 거짓말을 하지 않는다. 백승현이 뿌린 공의 속도와 힘, 궤적은 오랜 시간 쌓아온 노력의 결과였다. 겉으로 보기엔 마치 우연처럼 보였지만, 실은 차곡차곡 쌓인 필연이 드디어 얼굴을 드러낸 순간이었다.

결국 백승현은 투수로 전향했다. 그리고 2023년 우승 당시 LG 트윈스 필승 조의 한 축이 되었다. 한 발 한 발, 힘을 다해 내딛는 그의 투구는 우연한 기회를 놓치지 않고 자신의 길을 개척해온 사람만이 가질 수 있는 무게를 품고 있었다.

결국 그렇게 생각하게 된다. 어떤 기회는 갑자기 찾아오는 것처럼 보이지만, 실은 오래전부터 뿌려온 씨앗들이 피워낸 결과라는 것을. 그건 비단 야구장에서만 일어나는 일이 아니다. 부엌에서도 마찬가지다.

19세기 후반, 중국 남부 광둥성의 작은 해안도시. 해산물이 풍부한 지역적 특색 때문에, 그곳에서 굴은 흔한 식재료였다. 이금상도 그 도시에서 굴을 이용한 요리를 선보이는 평범한 요리사였다. 매일같이 굴을 삶고 굽고 볶느라 손끝에 굴의 향이 밸 정도였다. 그런데 어느 날 너무 바빠 정신이 없는 와중에 웍에 굴을 넣고 불을 켠 것을 까맣게 잊어버렸다. 잠시 후 부엌에 돌아왔을 때, 강렬한 냄새가 그를 먼저 맞이했다. 서둘러 불을 껐지만 웍 안에는 이미 짙은 갈색의 끈적이는 액체가 두툼히 쌓여 있었다.

처음 보는 색깔과 끈적이는 질감에 그는 주저했지만, 결국 손가락으로 조심스럽게 찍어 맛을 봤다. 분명 놀랐을 것이다. 달고, 짜고, 깊은 바다 내음의 감칠맛을 동시에 머금은, 이전에는 한 번도 맛본 적 없는 농밀한 맛이었을 테니. 전 세계를 사로잡은 이금기 굴소스의 탄생은 그렇게 우연처럼 시작됐다. 하지만 그 우연은 매일 굴을 다루고 굴을 이용한 요리를 고민해온 시간들이 필연적으로 쥐여준 선물이었다.

굴소스는 소박한 재료들을 마법처럼 변화시킨다. 대단한 재료가 없어도 괜찮다. 딱 1순갈만으로 요리에 감칠맛을 더하기 때문이다. 그건 단순히 간을 맞추는 것 이상의 존재감이다. 짧은 시간이 걸리는 볶음 요리에도, 긴 시간이 소요되는 조림 요리에도 굴소스는 묵직한 바탕이 돼준다.

사실 굴소스의 맛을 가장 온전히 느끼고 싶다면, 너무 복잡하게 요리를 할 필요가 없다. 오히려 굴소스가 가진 그 농밀한 맛을 정직하게 보여주기 위해서는 간결한 요리가 적합하다. 그중에 내가 가장 좋아하는 요리는 단연 우삼겹 숙주볶음이다. 가끔 마음의 여유가 생긴 날에는 차돌박이 숙주볶음이 되기도 한다(차돌박이가 조금 더 비싸니까. 사실 차돌박이는 그냥 구워 먹는 게 더 맛있다. 차돌박이를 숙주볶음으로 해 먹는 것은 짜파게티에 한우 채끝을 올려 먹는 부르주아적 행위와 유사하다).

우삼겹 1줌을 달군 팬에 올리면 고소한 기름이 스르르 배어 나오기 시작한다. 그때 듬성듬성 썰어낸 대파를 넣는다. 맵싸한 파기름 향이 올라오기 시작하고, 우삼겹은 먹음직스러운 색깔로 노릇해진다. 간장 1큰술, 설탕 1큰술, 다진 마늘 반 큰술, 그리고 굴소스 1큰술을 뿌린다. 소스가 고기를 감싸며 지글지글 끓어오르고, 달큰한 향기가 코를 찌른다. 소스가 자작해지는 순간, 숙주를 크게 1줌 넣는다. 숙주를 넣은 다음부터는 타임 어택이다. 오래 볶으면 물기가 나와 맛이 떨어지고 아삭함도 사라진다. 강불에서 30초 정도 빠르게 섞다가 불을 끈다. 그리고 마지막으로 후추를 뿌린다.

우삼겹과 숙주를 한 젓가락에 집어 입에 넣으면, 고기의 고소한 육즙과 굴소스 특유의 깊은 감칠맛 그리고 숙주의 아삭함이 입안에서 경쾌하게 부딪힌다. 빠르게 볶아낸 요리지만, 입안에서의 여운은 오래 남는다.

입안 가득 번지는 풍미를 느끼며 나는 다시 생각한다. 우연, 이 얼마나 기적 같은 단어인가. 하지만 이제는 안다. 이 맛이 입에 닿기까지, 얼마나 많은 필연이 쌓였는지를. 우연히 탄생한 이 금기 굴소스도, 우연히 마운드에 서게 된 백승현도, 우연히 부상

당한 선수의 자리에 들어간 박해민도. 모두가 우연이라고 했지만, 실은 끝없는 반복과 인내가 빚어낸 필연이라 할 수 있다.

고흐는 말했다. 위대한 일은 충동적으로 일어난 결과가 아니라, 수많은 자잘한 일이 합쳐진 결과로 이뤄진다고. 그러니까 신고 선수 신화와 성공적인 포지션 변경은 모두 우연이 아니다.

2

아직 중반입니다
이닝은 길고, 변수는 많습니다

❖
야구가 아니었다면 몰랐을 맛
막창

"내일 야구 보러 갈래? 제발 같이 가줘."

"어딘데. 잠실?"

"아니, 대구. 티켓 구했단 말야."

"응, 안 가."

"내일 시구 이제노래."

"동대구 역에 몇 시까지 가면 돼?"

제노야, 고맙다. 하마터면 쓸쓸하게 혼자 갈 뻔했는데, 덕분에 동행이 생겼어. 야구 안 보는 친구들을 야구장으로 소환하는 법! 엔시티드림NCT DREAM 혹은 보이넥스트도어BOYNEXTDOOR가 시구를 하면 된다.

시즈니(NCT 팬덤의 애칭)인 내 친구는 일말의 고민도 없이 가게를 닫고 대구에 가기로 했다. '14일(월) 아이돌 보러 가야 해서 쉽니다.' 그러니까 내 친구는 엔시티드림의 제노라는 남자를 단 1분 보기 위해 하루 치 매출을 모두 포기할 수 있는, 그런 드라마 속 '재벌 남주'같은 여자였다. 순애 미쳤다.

"와, 너 이제노 진짜 사랑하네."
"근데 라젤은 오늘도 대구 가지 않았어?"
"어. 지금 야구 보고 서울 올라가는 기차 안임."
"그리고 내일 다시 대구로 내려간다고?"
"한반도는 일일 생활권이잖아."
"너 LG 트윈스 진짜 사랑하네."
"미안한데, 그런 심한 말 하지 마."
"이 정도면 스톡홀름 증후군이야."

그래, 입으로는 LG 트윈스 싫다, 싫다 하면서도 몸은 착실하게 야구장으로 향하는 나였다. 게다가 대구에서 열린 플레이오프 1차전의 결과는, 알다시피 아주 처참했다. 홈런을 몇 개나 봤는지 모르겠다. 투수의 손을 떠난 공은 라이온즈파크의 담장을 끊임없이 넘어갔다. 그 홈런의 주인이 모두 삼성 라이온즈라는 게 문제라면 문제였다. 홈런 보고 싶다고 염불 좀 외웠더니, 피홈런을 화끈하게 보여주다니. 역시 LG 트윈스였다.

마침 태양이 내리쬐는 1루에서 타 죽을 것 같았는데, 홈런이 나올 때마다 내 양옆과 앞뒤의 삼성 팬들이 일어난 덕분에 그림자가 만들어졌다. 구자욱, 김영웅, 원태인, 이재현 유니폼 사이에 둘러싸인 나는 점수 차가 크게 벌어지자 그 그림자가 생길 때마다 오히려 '와, 시원하다. 이 푸른 성벽, 계속되길'이라는 생각까지 했다. 더위 때문인지 경기력 때문인지 마침내 정신을 놓아버린 것이다. 그럼에도 나는 다음 날 티켓을 구해서 이틀 연속 대구 왕복을 감행하기로 했으니, 스톡홀름 증후군이라는 말을 부정할 수는 없을 것 같긴 하다.

아무튼 나는 오늘 졌으니 내일은 이길 거라는 근거 없는 계산을 마친 상태였다. 원래 포스트시즌*에서는 1차전 패배라는 고난과 역경이 있어야 진짜 재밌는 법임. 그런 노래 가사도 있잖아. "쉽게만 살아가면 재미없어, 빙고." 그렇지만 속으로는 '사실 너무 쉽게 살아가고 싶었어요…'라고 생각했다.

그래도 내일은 야구 잘 모르는 친구 꼬셔서 데려가니까 무조건 이겨라. 제노 시구도 화이팅! 비록 넌 적진의 유니폼을 입고 있겠지만, 한때는 널 너무 사랑했던 누나 팬으로서 시구는 응원할게.

하지만 우리가 간과했던 게 하나 있었는데, 바로 날씨였다. 다음 날 일기예보인데도 매 시간 바뀌었다. 비가 내린다고 했다가, 흐리기만 하다고 했다가, 비가 시간당 1mm 정도 내린다는 예보도 있었고, 4mm 내린다는 예보도 있었다. 아, 어쩌란 말이냐. 새벽까지 고민했다.

원래 야구 팬들은 인간 기상청과 다를 바가 없다. 그 누구보다 날씨에 빠삭하고 이상 기후에 예민하게 반응한다. 야구를 좋아하기 전에는 시간당 1mm가 어느 정도인지 가늠이 되지 않았는데 이제는 누구보다 잘 안다. 보슬보슬 내리는 약한 비, 이 정도면 경기는 무조건 한다. 선수들도 개의치 않아 한다. 2mm부터는 투수가 불편해한다. 마운드가 질척해지고, 한 구 한 구 던질 때마다 스파이크에 낀 흙을 긁어낸다. 3mm부터는 외야 워닝 트랙*에 물웅덩이가 고이기 시작한다. 4mm부터는 구장별 방수 시설에 따라 다르지만 대체적으로 경기가 중단된다.

그런데 일기예보 상으로 1~4mm라니. 어쩌지, 고민하다가 아침이 됐다. 몇 시간 뒤면 대구행 기차를 타러 가야 했다. 그때 김

시진 감독관이 "최대한 경기를 진행할 것"이라고 인터뷰를 한 기사를 봤다. 바로 준비해서 집을 나섰다.

기차를 타고 대구를 향해 가는데 하늘은 점점 어두워졌다. 다음 역이 동대구 역이라는 안내 방송이 나올 때, 차창에 빗방울이 맺히기 시작했다. 친구보다 일찍 도착해서 동대구 역의 도넛 가게에 들어가 있었다. 계속해서 날씨만 찾아봤다. 대구까지 왔는데, 야구도 못 보고 올라간다고? 이건 말도 안 돼. 초조함에 손톱을 깨물었다. 그때 친구가 도착했다.

"와, 나 대구 처음 와 봐. 여기 완전 삼성 라이온즈의 나라야."

기차에서부터 수많은 삼성 라이온즈 유니폼 사이에 끼어 왔는데, 동대구 역에 내렸더니 온세상이 구자욱이라는 것이었다. 파란색 유니폼 구자욱, 하얀색 유니폼 구자욱, 파란 줄무늬 구자욱…. 심지어 도넛 가게의 내 옆자리도 삼성 라이온즈 유니폼을 입은 분들이었다. 나는 친구에게 LG 트윈스 원정 유니폼을 입혀주며, 기죽지 말라고 했다. 아무렴, 친구는 제노 시구를 볼 생각에 들떠 있었다. "우리 제노도 지금 내려오고 있겠지? 우리 제노는 쿨 톤이라 유니폼 잘 어울릴 듯" 하면서.

문제는 동대구 역에서 택시를 타고 10분 정도 달렸을 때였다. 비가 세차게 내리기 시작했고, 야구 팬의 감으로 이건 최소 시간당 4mm의 비였다. 택시 기사님은 백미러로 LG 트윈스 유니폼을 입은 우리를 힐끗 쳐다보며 서울에서 왔냐고 물었다. 그렇다고 하자, "미쳤네, 미쳤어"라며 기가 막힌 듯 웃었다. 우리 엄마, 아빠도 나 보고 미쳤다고 했는데 다시 한번 확인 사살을 당한 것이다. 사실 진짜 미친 게 맞는 거 같아서 반박할 수도 없었다. 기사님, 이거 사실 적시에 의한 명예훼손이에요….

라이온즈파크에 도착하자, 기사님은 우리에게 조심히 경기 보고 올라가라고 했다. 진짜 조심해야 하는 날씨긴 했다. 택시에서 내리자마자 미친 듯한 비바람 때문에 우산도 제대로 펼 수 없었기 때문이다. 우리는 작은 우산을 나눠 쓰고 경기장으로 향하는 계단을 올랐다. 친구는 제노에게 버블(아이돌과 팬들이 소통하는 플랫폼) 메시지가 왔다고 좋아했다. 곧 제노를 볼 수 있을 거라고 설레 하는 친구에게 차마 '우천 취소 각'이라는 말을 꺼낼 수는 없었다. 제노야, 이 비 우리가 마셔서라도 다 그치게 하고 시구하기 좋은 세상 만들어줄게…. 그때 경기장에서 안내방송이 나왔다.

"금일 경기는 우천으로 인해 취소됐습니다."

1명은 "안 돼, 제노야!"를 외쳤고, 1명은 "안 돼, 보경아!"를 외쳤다. 2000년생 남자들의 이름을 부르는 두 여성. 아, 진짜 오늘 문보경이 홈런 칠 각이었는데. 문보경 라이온즈파크에서 강한데. 아, 안 돼.

그렇게 우리는 비 내리는 대구 라이온즈파크에 황망하게 서 있었다. 제노를 위해 가게까지 닫고 온 친구와, 오늘은 이겨줄 것 같은 기대에 이틀 연속 대구 왕복을 감행한 나는 비 앞에서 무력해졌다. 무엇보다 친구에게 미안했다. 제노 보게 해준다고 꼬셨는데…. 이대로는 안 되겠다 싶어서 맛있는 거라도 먹어야겠다는 생각에 이르렀다. 아무래도 대구는 막창이 유명하니까, 막창집에 가기로 했다.

택시를 타고 도착한 막창집에는 이미 삼성 라이온즈 유니폼을 입은 팬들이 앉아서 막창을 먹고 있었다. 다들 민첩하시네. LG 트윈스 유니폼을 입은 우리는 쭈뼛거리며 가게 안에 들어가 앉았다. 혹시나 막창이 입에 안 맞을 수도 있으니, 일단 막창 2인분과 생삼겹살 1인분을 주문했다. 주문을 받는 주인 아주머니는 우리의 유니폼을 보더니 "멀리서 왔는데 취소돼서 우짜냐" 하며 걱정했다.

이어서 나온 막창은, 정말 먹음직스러웠다. 이렇게 통통한 막창은 처음 봤다. 막창을 구워서 같이 나온 소스에 찍어서 먹고 있는데 갑자기 주인 아주머니가 달려와서는, 소스에 청양고추와 쪽파를 넣어줬다.

"이게 막장이에요. 이렇게 먹어야 맛있지."

좀 묽은 쌈장인 줄 알았는데 막장이었구나. 어제 LG 야구도 막장… 아니, 아무튼 아주머니는 우리가 먹는 모습을 보고 '막창 그렇게 먹는 거 아닌데'라는 생각을 한 것 같았다. 마늘도 구워주고, 깻잎을 찢어서 같이 먹으면 더 맛있다고 했다. 그 이후에도 계속 우리 테이블을 힐끔 보면서 신경을 써줬다. 막창이 타지 않도록 중간중간 와서 굴려주기도 하고, 맛있게 익었을 때 받침 망 위에 올려줬다. 지나가면서 배추에도 싸 먹어보라고 했다. 꽤나 다정한 간섭이었다.

아무래도 삼성 라이온즈의 도시에서, 삼성 라이온즈 팬들 사이에 앉아 막장에 청양고추와 쪽파 넣는 것도 모른 채 먹고 있으니 신경이 쓰일 수밖에 없긴 하겠다. 게다가 비를 맞아 머리가 젖어 있기까지 했으니 불쌍해 보였을지도 모른다.

막창은 통통하고 쫄깃했다. 불 향도 났다. 안이 꽉 차 있어서 씹을수록 고소한 맛이 입안에 가득 맴돌았다. 막장은 매콤하고 감칠맛이 돌았다. 그렇게 우리는 술도 없이 5인분을 먹었다. 심지어 친구는 막창을 태어나서 처음 먹어보는 거라고 했다. 우취에 대한 아쉬움은 이미 막창으로 인해 사라진 상태였다. 맛있는 음식을 먹으면 행복해지는 이 단순한 알고리즘. 그렇게 간단하면서도, 그렇게 선명한 위로가 또 있을까 싶다.

아까까지만 해도 비에 젖어 속상해했던 친구는 어느새 웃음을 되찾았다.

"근데 우취가 돼도 괜찮은 게, 너 아니었으면 대구 와볼 일이 없었을 거거든? 근데 야구 때문에 왔고, 그래서 막창을 먹을 수 있게 된 거잖아? 아마 라젤 아니었으면 평생 모르고 지나쳤을 맛일 거 아냐, 이게."

내가 "야, 너 제노 때문에 온 거잖아" 하고 웃으니까, 제노는 제노고 어쨌거나 라젤이 야구를 보니까 자기도 대구에 오게 된 건 맞단다.

"아무리 제노가 시구를 한다 해도 라젤이 야구를 안 보면 대구 안 왔지. 못 왔지."

나는 말없이 웃으며 막창 하나를 집어 막장에 푹 찍었다. 쪽파가 송송 떠 있는 붉은 막장은 매콤했고, 막창은 고소했다.

300km의 거리를 달려와, 비를 맞고, 경기는 취소됐고, 시구는 무산됐지만 이상하게도 이 하루가 아깝지 않았다. 오히려 야구가 아니었으면 접점이 없어 오지 않았을 도시, 야구가 아니었으

면 만나지 못했을 맛, 그리고 야구가 아니었으면 나눌 수 없었던 대화들이 있었다. 우리가 함께 웃으며 맛있는 음식을 먹고 있는 지금 이 순간이, 어쩌면 야구가 만들어준 가장 좋은 결과인지도 모르겠다.

그때 아주머니가 다시 우리 테이블로 다가왔다.

"입맛에들 잘 맞아요? 이제 올라가요?"

우리가 막창을 씹으며 고개를 주억거리자 대구까지 와서 맛있는 거라도 먹고 가서 다행이라고 했다. 그러면서 음료수도 서비스로 줬다. 삼성 라이온즈의 도시에서, 삼성 라이온즈 팬들 사이에서 마주한 다정함은 그 무엇보다 따뜻하게 느껴졌다.

막창집을 나와 동대구 역으로 걸어가는 길, 비는 여전히 보슬보슬 내리고 있었고 우리는 작은 우산 아래에서 약속한 것처럼 나중에 대구에 또 오자고 이야기했다.

희한하게 이 날이 가끔 생각난다. 이겨서 기뻤던 날보다, 져서 속상했던 날보다, 오히려 아무것도 보지 못했지만 친구와 이야기를 나누며 낯선 도시에서 새로운 음식을 먹었던 날. 그래서인지 대구는 내게 여전히 따뜻한 막창의 도시로 남아 있다. 유니폼이 달라도, 응원하는 팀이 달라도. 비 오는 날에 만난 따뜻한 간섭과 맛있는 한 끼가 내게 남긴 인상은 오래도록 지워지지 않는다.

아무래도 이래서 내가 야구를 좋아하나 보다. 경기장은 닫혀도, 이야기는 계속되니까.

❖
가능성보다 작게 쓰이는 것들
가지볶음

한창 잘 먹을 나이인 여고생에게 급식이란, 하루의 중심이자 삶의 낙이다. 사람이 살아가는 데 필수적인 3가지 요소가 '의식주'다. '의'는 교복으로 통일됐고 '주'는 아침부터 저녁까지 학교라는 공간으로 정해져 있던 시절, 우리에게 가장 큰 변수이자 설렘은 '식'이었다.

그런 여고생들에게 급식표는 가장 중요한 자료였다. 요즘은 앱으로 급식표를 확인할 수 있다지만, 나 때는 A4 갱지에 인쇄돼 나왔다. 우리는 매달 말만 되면 반장에게 다음 달 급식표 언제 나오냐고 질문하곤 했다.

급식표가 나오면 다들 손끝이 바빠졌다. 갈비찜, 소시지볶음,

치즈돈까스, 크림파스타, 떡볶이…. 그런 것들에 형광펜을 그었다. 유독 맛있는 음식이 많이 나오는 날에는 빨간색 펜으로 동그라미까지 쳐뒀다. 친구들과 둘러앉아 "야, 12일 봤냐? 그날 무조건 학교 와야 함." "난 아침 굶고 올 거임." "아, 그날 생리통 때문에 아프면 안 되는데" 같은 제법 진지한 대화가 오갔다.

맛있는 급식이 예고된 날이면 4교시가 끝날 무렵부터 교실이 어수선했다. 다들 급식실로 달려갈 준비를 하며 엉덩이를 들썩거렸다. 지금 생각해보면 그렇게 대단한 맛의 파스타가 아님에도 그때는 너무 맛있게 느껴졌다. 우리는 만족스럽게 급식을 먹고 나와서, 부른 배를 두드리고 별 시덥지 않은 말에 깔깔거리며 회전 초밥처럼 운동장을 뱅글뱅글 돌았다. 그러고는 이런 대화를 나눴다.

"와, 5교시 문학 수업 때 엄청 졸릴 듯."

"언제는 문학 시간에 안 졸았던 것처럼 말한다?"

반면 여고생들에게 외면받던 급식 메뉴가 있었는데, 바로 가지무침이었다. 콩자반, 참나물 샐러드, 미역줄기볶음, 오이소박이 같은 메뉴들은 호불호라도 있었지만 가지무침만큼은 일말의 '호' 없이 모두에게 불호였다. 안티 팬만 가득한 것이었다.

그도 그럴 것이 급식판에 덜어진 가지무침은 언제나 축축한 물기를 머금고 있었고, 특유의 물컹한 식감은 젓가락으로 집는 순간부터 거부감을 일으키기에 충분했다. 그리고 뜨겁지도 차갑지도 않은 그 애매한 온기도 가지무침의 불호 요소 중 하나였다. 가지무침이 나오는 날이면 급식을 보이콧하기도 했다. 가지 철이 여름이다 보니 주로 초여름 급식표에 가지무침이 등장하곤 했는데, 에어컨이 가동되는 급식실보다 오래된 선풍기가 탈탈거리며 돌아가는 매점 앞에 줄이 더 길었다.

가지가 혈중 콜레스테롤을 낮춰주고 동맥경화를 예방해준다는데, 아직 술도 마시지 않았고 고작 십몇 년밖에 쓰지 않아 새것에 가까운 신체를 가진 여고생들에게 그런 정보는 교과서에나 나올 이야기일 뿐이었다. 우리는 건강보다 당장의 입맛에 솔직했고, 영양소나 효능보다 물컹하고 기분 나쁜 식감에 더 민감한 나이였다.

나는 그렇게 가지를 오랫동안 배척하며 살아왔다. 좋아하는 음식도 싫어하는 음식도 명확했는데, 가지는 명백하게 '싫어하는 것'에 속했다. 그렇게 고등학교를 졸업했다. 매달 말, 급식표에 형광펜을 칠하는 소소한 재미 또한 졸업과 함께 사라졌다.

그러다 어느 해의 초여름, 엄마가 아는 분의 농장에서 가지를 한 상자나 받아 왔다. 냉장고 채소 칸에 짙은 보라색의 가지가 가득했다. 나는 가지를 묵묵히 다듬고 있는 엄마를 향해 단호하게 말했다.

"엄마, 난 가지 안 먹어."

엄마는 대답이 없었다. 그저 웃으면서 프라이팬에 가지를 볶을 뿐이었다. 가지에 밑간을 한 것인지 가지를 볶기만 하는데도 짭조름한 향이 났다. '그래도 안 먹어.' 나는 속으로 생각하며 식탁에 앉았다. "엄마, 난 진짜 가지 싫어. 나 그냥 라면 끓여 먹을래." 뭐 이런 말을 했던 것도 같다.

엄마는 볶은 가지를 솥밥 위에 올리고 있었다. 저 보라색 가지, 꼴도 보기 싫어. 엄마는 이어서 양념장을 만들기 시작했다. 양념장에 들어간 참기름 냄새가 코끝을 자극했다. 그리고 식탁 위로 솥이 올라왔다. 뚜껑을 여니, 가지와 다진 소고기가 올라간 솥밥이었다. 쪽파가 흩뿌려져 있고, 계란 노른자도 가운데에 올라가 있었다. 엄마는 그 위에 깨를 솔솔 뿌렸다. 꽤나 먹음직스러운 자태였지만, 아까 가지 안 먹겠다고 너무 단호하게 말했기에 이제야 먹겠다고 하는 것도 우스웠다. 가지야 뭐 물컹하고 똑같겠지. 안 먹어.

"한 술만 먹어봐." 엄마가 주걱으로 밥을 슥슥 비비더니, 작은 그릇에 덜어 내 앞에 놓았다. 아, 나 가지 싫어하는데. 못 이긴 척 입에 떠넣은 그 한 술은 그야말로 충격이었다. 가지가 너무 부드러웠다. 예전의 그 물컹한 식감이 아니었다.

윤기 흐르는 밥알과 부드럽게 녹아든 가지의 결이 입안에서 어우러지며 고소한 풍미를 터트렸다. 씹을수록 어쩐지 진하고 묵직한 맛이 있었다. 그 한 술은, 나의 오래된 확신을 조용히 부쉈다. 잘 지어진 밥에 어우러진 가지는 촉촉했고, 고소했고, 담백했다. 고요한 맛 속에 묘한 깊이가 있었다. 나는 가지를 삼키며 생각했다. 왜 지금까지 이렇게 먹지 않았을까? 왜 늘 물컹하고 맥없는 무침으로만, 그 단편적인 방식으로만 가지를 평가했던 걸까?

그날 이후 가지는 내게 '호'인 식재료가 됐다. 엄마는 가지의 맛에 눈을 뜬 나를 위해 가지 탕수육도 해줬다. 가지는 기름을 머금으면 무척이나 고소하고 바삭해졌다. 그제야 알았다. 어떤 맛은 시간과 계절, 조리법이 갖춰져야 비로소 드러나는 법이라는 걸. 그동안 너무 빠르게 판단하고, 너무 오랫동안 외면해왔던 것 같다. 나는 엄마를 통해 비로소 알게 됐다. 가지가 가진 쓸모를, 풍미를, 가능성을.

그걸 알게 된 순간, 문득 생각난 얼굴이 있었다. LG 트윈스의 주전 2루수 신민재. 오래도록 제 가능성보다 한참 작게 쓰인 점에서 가지와 닮아 있었다. 한때 그는 대주자였다. 누군가의 발이 돼주는 사람, 다른 누군가를 위해 대신 뛰어야 하는 역할이었다. 배트를 들고 타석에 설 기회도, 수비 글러브를 낄 기회도 주어지지 않은 채, 그저 빠르다는 이유로 그라운드 위에 맨몸으로 올라오곤 했다.

환호와 기대 속에서 등장하는 대타와는 달리, 대주자는 출루한 타자의 이름이 연호되는 가운데 조용히 교체된다. 사실상 팀의 찬스를 이어가기 위해 투입되는 부속품에 가까웠다. 하지만 대주자의 특성상 주로 1점이 간절할 때 등장하기에, 모든 상황이 아슬아슬한 줄타기였다.

상대 투수는 신민재를 향해 강한 견제구*를 던졌고 신민재는 베이스를 붙잡기 위해 여러 번 슬라이딩을 해야만 했다. 그렇게 땀과 흙을 흠뻑 뒤집어썼다. 그는 그라운드에 가장 짧은 시간 머무르는 선수였지만, 그의 유니폼은 누구보다 지저분했다. 그리고 한 베이스를 더 가기 위해 달리다가 실패하면 가장 먼저 욕을 먹었다. 경기의 흐름을 끊었다는 이유였다. 2019년, 준플레이오프*에서 팀의 첫 안타를 친 박용택의 대주자로 나왔지만 견제사로 아웃됐던 날도 그랬다.

그럼에도 그는 달려야만 했다. 경기를 바꾸는 찰나의 순간을 위해, 자신에게 주어진 단 하나의 역할을 다하기 위해. 신민재는 그런 방식으로, 자신이 쓸모 있는 사람임을 증명해야 했다. '대주자'라는 타이틀은 그를 좁은 틀 안에 가뒀고, 그 좁은 무대 안에서 그는 매번 한계까지 몸을 던졌다. 포지션도 없고, 정해진 타순도 없는 선수. 출전 여부를 예측할 수도 없고 몸을 조율할 시간도 없는 자리였지만 그는 묵묵하게 자신을 단련했을 것이다.

김현수의 대주자, 문보경의 대주자, 누군가의 이름 뒤에 붙은 대주자라는 명칭으로 그라운드에 서던 그는 2023년을 기점으로 타석에도 서기 시작했다. 날아오는 공을 끈질기게 물고 늘어졌으며, 콘택트력*이 좋아 쉬이 삼진 당하지 않았다. 2루수 글러브를 끼고 유격수 오지환과 함께 단단한 키스톤 콤비*를 이루기도 했다. 재빠른 발로 내야의 아주 깊숙한 곳까지 커버했고, 송구는 안정적이고 정확했다. 1루에서 2루, 2루에서 3루, 3루에서 홈으로 연결되는 그 3피트 라인*에서만 움직이던 그가 그라운드를 자유롭게 종횡무진 누비게 된 것이었다.

무수한 실패들로 단련된 담대한 멘털 덕에 그는 더 강한 선수가 됐다. 이제 그는 누군가를 대신한 발이 아닌, 자신의 이름으로 경기를 만드는 선수가 됐다. 신민재는 더이상 교체 카드가 아니라, 선발 라인업에서 중심을 이루는 이름이 됐다.

그가 결국 증명해낸 것이다. 대주자라는 한 단어만으로 다 담을 수 없었던 자신의 진짜 모습을. 사실 신민재는 어느 날 갑자기 변한 게 아닐 것이다. 수없이 실패하고도 물러서지 않는 마음, 언젠가 기회가 올 것이라는 희미한 희망 속에서도 포기하지 않았던 자세, 팀이 자신을 부르면 언제든 뛰어들 수 있게 준비된 몸. 그리고 현역 은퇴까지 생각했지만 그걸 만류했던 코치의 말 한마디까지. 그 모든 것들이 쌓여 'LG 트윈스의 주전 2루수'라는 자리를 자기 것으로 만들었다.

그래서 나는 신민재를 볼 때마다 가지를 떠올린다. 무침으로만 먹어왔던 채소. 물컹하고 맛없는 반찬으로 알고 있었기에 외면했지만, 조리법이 달라지자 전혀 다른 풍미를 드러낸 채소. 그리고 이제는 내가 가장 좋아하는 여름의 식재료 중 하나가 된 가지. 가능성은 때로 시간이 필요하고, 누군가의 손끝이 필요하고, 믿음이라는 고요한 불 앞에서야 비로소 맛을 낸다. 가지의 진짜 쓸모를 알기 위해서는 여러 조리법이 필요했다.

우리는 어떤 것을 너무 빨리 판단하는 데 익숙하다. 입에 맞지 않았던 한 숟갈의 기억으로 평생 그 음식을 멀리하고, 몇 번의 실수로 한 사람을 가능성 없는 존재라고 단정 짓는다. 그게 편하고 빠르니까. 하나의 방식, 하나의 면만으로 누군가를 재단한다는 건 어쩌면 가장 게으른 판단일지도 모른다.

나는 그걸 가지를 통해, 신민재를 통해 알게 됐다. 가지의 맛을 왜 무침 하나로 다 안다고 믿었던 걸까. 왜 물컹하고, 불쾌한 식감이 전부라고 생각했을까. 가지를 볶고, 졸이고, 튀기면 전혀 다른 맛이 되는데 말이다. 가지는 고소하고, 부드럽고, 풍미가 깊었다. 쓸모가 없었던 것이 아니라, 쓸모를 몰랐던 것이다.

신민재도 그랬다. 늘 대주자라는 역할만 부여된 선수였지만 타석에 서고 2루수로 나서자 완전히 다른 모습을 보여줬다. 신민재는 스스로의 쓸모를 새롭게 써 내려갔다. 대주자로 시작해 주전 2루수가 되기까지, 그는 단 한 번도 자신을 덜어내지 않았다. 오히려 더 깊고, 더 넓게 다듬어냈다.

오늘도 내야를 넘어가는 공을 폴짝 뛰어 잡아내는 신민재를 보며 생각한다. 어떤 쓸모는, 오랫동안 작게 쓰이다가 언젠가 제 크기로 활짝 펴지는 법이라고. 가지의 맛을, 신민재의 진가를 알게 되기까지 참 오랜 시간이 걸렸다.

쓸모는 늘 거기 있었다. 다만, 우리가 그 쓸모를 몰라봤을 뿐.

초대하는 기쁨
육회 쫄면과 크림 새우

좋아하는 이의 세계를 기웃거리는 일은 언제나 즐겁다. 친구 따라 강남 간다는 속담도 있지 않은가. 사실 이 속담은 자신의 주관없이 남이 하는 것을 덩달아 따라 한다는 의미를 가지고 있지만, 나의 풀이는 조금 다르다. 친구가 자주 가는 곳, 좋아하는 것에 관심을 가지는 건 어쩌면 일종의 애정 표현이 아닐까. 뭐? 친구 따라 강남까지 갔다고? 오, 진짜? 그 친구 되게 좋아하나 봐! 왜냐하면 나는 좋아하는 친구들을 자주 따라가곤 했기 때문이다. 그리고 그때마다 친구들은 흔쾌히 자신의 세계를 열어 나를 반가이 맞아줬다.

그중 진주와 귀연은 나를 가장 많이 자신의 세계에 초대해준 친구이자, 내 세계에 가장 자주 따라와준 이들이다.

내가 출판사에 다닐 때였다. 내 후임이었던 진주는 점심을 먹은 후 남는 시간엔 휴게실에 앉아 휴대전화를 보며 내내 미소를 짓다가 이따금씩 소리 내어 웃곤 했다. 나는 진주를 좋아했기에, 어느 순간 궁금해졌다. 진주가 뭘 보고 웃는지가. 슬쩍 다가가 물어봤더니 진주는 휴대전화 화면을 보여줬다. 아이돌 엔시티였다.

그때부터 우리의 점심 시간 루틴은 엔시티 콘텐츠 보기가 됐다. 점심을 먹고 오면 휴게실에 나란히 앉아 엔시티를 보는 것이었다. 진주는 최대한 재밌는 영상들을 골라오곤 했다.

"오늘은 이거 봐요."

"너 최애가 얘라고 했나?"

"아니 얘라니까요."

"아, 얘가 마크지, 맞다."

이런 대화가 오가다 보니 나도 엔시티를 좋아하게 됐다. 우리는 이제 같은 것을 보고 웃고, 함께 설레며 비슷한 감정을 나누게 됐다.

재밌는 건, 그 이후였다. 엔시티를 그렇게 좋아하던 나는 더보이즈로 갈아타게 됐는데, 이번에는 진주가 내 세계에 관심을 보이는 것이었다.

"대체 이재현이 누구길래 그래요?"

진주는 내가 보내준 더보이즈 무대 영상을 보고 그날부로 '큐'라는 활동명을 가진 남자에게 빠졌다. 어떻게 사랑이 변하니. 그 유명한 명대사에 우리는 이렇게 대답할 수 있다. 친구 따라 가면 변하게 되더라.

귀연이도 마찬가지였다. 귀연이는 내가 좋아하는 작가에 관심을 가지다가 책을 따라 사기 시작했고, 어느 순간 나보다 그 작가를 더 좋아하게 돼 북토크에도 가겠다고 했다. 나는 그런 귀연을 따라 북토크에 갔다. 귀연이가 읽는 책이 궁금해서 귀연이가 주최하는 독서 모임에도 가입했다. 귀연이가 사는 동네가 궁금해서 그 동네에 따라갔다가, 미륵사지에 대한 설명까지 듣고 왔다.

"그러니까 저 낡은 게 '찐' 미륵사지고, 반짝반짝한 게 '짭' 미륵사지라는 거지?"

"응. 대충 그렇게 생각하면 돼."

뭔가 수상쩍은 설명이었지만 내 수준에 맞아서 이해는 잘 됐다. 그렇게 우리는 서로의 세계를 기꺼이 궁금해하며, 서로를 치열하게 따라다녔다.

그리고 마침내 진주와 귀연은, 나의 주 서식지인 야구장에까지 따라왔다. 그리고 이런 말들을 했다.

"같이 아이돌을 좋아하던 친구가 야구에 납치됐어요. 어느 순간부터 잘생긴 남자 아이돌 대신 아이 둘 야구 선수를 찬양했다가 욕했다가 해요. 친구가 이상해요. 문보경이 차은우로 보인대요. 이거 pdf 따서 차은우 소속사에 보내고 고소하라 할까요? 아니면 친구를 위해 안과 예약을 잡아줘야 할까요? 갑자기 〈여자가 햄랑할 때〉뭐 이런 노래를 불러요. 햄이 누군데. 박해민이라고? 그게 뭔데, 씹덕아. 저랑 같이 제노 생일 카페 갔던 친구가 집에 오지환 유니폼을 걸어놓고 오지환 생일 카페처럼 꾸며놨어요. 그러니까, 라젤을 이렇게까지 만든 극악무도한 야구라는 것에 대해 알아봐야겠어요."

그렇게 야구장에 따라 가겠다고 전격 선언한 것이다. 그런데 야구를 단 한 번도 본 적 없는 이들이 야구에 관심이 있을 리는 만무했다. 아는 야구 선수 말해보라니까 "이종범? 박찬호?" 막 이런다. 이승엽도 안다고 우쭐해했다. "그 사람 홈런 잘 치지? 지금은 뭐해?" 하면서. 그러더니 제사보다 제삿밥에 더 관심을 갖는 어린아이처럼 크림새우, 육회 쫄면, 갈비튀김, 닭꼬치 같은 것들을 보냈다. "나 야구장에서 이거 먹고 싶어." "넌 야구장에 먹으러 가니?" X(구 트위터)에 '야구장 먹거리'를 검색해본 듯했다.

얼마 후 친구가 X에서 내 영상 캡처를 발견한 것 같다며, 엄청나게 리트윗되고 있다고 했다. 보내준 링크를 보니 내가 야구장에 입장하며 찍은 영상이 맞았다. 영상 한가운데에 '식당 입장'이라는 자막을 크게 써넣은 장면이었다. 사실 그 영상의 조회 수는 얼마 안 되는데, 그 캡처는 그 당시 1만 회 가깝게 리트윗이 되고 있었다. 그렇게, 야구는 모르면서 야구장 먹거리는 나보다 더 잘 알게 된 친구에게까지 닿은 거였다.

야구장이 일종의 뷰 좋은 식당이라는 걸 알게 된 친구는 더욱 설레어했다. 야외 디너쇼에 참석한다는 기대감을 가지고 있는 것 같았다. 식사를 하면, 야구 선수들이 야구공으로 이런저런 쇼를 보여주는 곳 정도로 인식하는 거였다. 물론 야구 선수들이 야구를 어떻게 하느냐에 따라 그 식사는 축제에서 먹는 밥이 될 수도, 제삿밥이 될 수도 있다.

"이종범은 투수였지?"

"아니."

"헐, 바람의 아들이라는데? 공이 바람처럼 빨라서 아냐?"

"아니, 달리는 게 바람처럼 빨라서임. 그래서 이종범이 지금 우리 팀 1루 코치야."

"1루 코치? 1루가 뭔데? 아 근데 이거 봐. 크림새우 대박 맛있겠다. 나 완전 기대 중임."

하지만 문제는 따로 있었다. 내가 야구장 입장하는 장면에 '식당 입장'이라는 자막을 쓰긴 했지만, 막상 야구장에서 뭔가를 먹는 스타일은 아니라는 점이었다. 나에게 야구장은 노래방이자 종교 시설이긴 했어도, 식당인 적은 별로 없었다. 그래서 친구가 말하는 크림새우, 육회 쫄면, 갈비튀김, 닭꼬치 이런 것들을 하나도 먹어보지 않은 상태였던 것이다.

내가 야구장에서 가장 많이 먹은 건 아마도 하늘보리겠다. 경기를 볼 땐 앉았다 일어났다 하니 테이블석이 아니면 식사를 하기에 썩 좋은 환경이 아니다. 무엇보다 나는 중앙 네이비석*의 꼭대기에서 경기장을 내려다보는 걸 좋아하기에 식사를 하고 쓰레기를 버리러 내려갔다 오는 건 사실상 등산에 가까운 행위였다. 이런 저런 이유로 탁 트인 잠실의 하늘을 바라보며 하늘보리를 들이키는 걸 택하곤 했다.

그런데 지금 친구가 먹고 싶다는데, 지금 야구보다 크림새우를 더 기대하고 있는데, 그 커다란 기대감을 차마 박탈할 수는 없는 노릇이었다. 또 하나의 걱정은 과연 그게 맛있을까였다. 크림새우, 유명하긴 한데 이름값을 하나? 육회 쫄면, 많이들 먹던데 그렇게 맛있나? 맛없으면 어떡하지. 내 친구들은 야구장에 밥 먹으러 오는 건데. 한국인으로서, 초대해놓고 형편없는 식사를 대접하는 행위는 중죄에 가깝기 때문에 내 자존심이 허락하지 않았다.

그래서 나는 친구들을 야구장에 초대하기 전까지 친구들이 먹고 싶다고 한 것들을 직접 먹어보기로 했다. 디데이를 계산해보면서 야구장에 갈 때마다 크림새우, 육회 쫄면, 갈비튀김, 닭꼬치를 주문해 먹었다. 네이비석 한가운데에서 육회 쫄면 뚜껑을 열었다, 닫았다 하며 경기를 봤고 유난히 더운 날에 막 나온 갈비튀김을 받아 땀을 흘리며 후후 불어 먹었다. 인천SSG랜더스필드에 갔을 때, 30분 동안 혼자 줄을 서서 크림새우를 사 먹기도 했다. 수원KT위즈파크에서는 '요아정'을 시켰는데, 뜨거운 햇빛 때문에 아이스크림이 줄줄 녹아 물티슈를 여러 장 써야 했다. 먹산, 아니 두산 베어스 팬들은 대체 어떻게 이 어려운 걸 해내시는 건가요. 아무튼 그렇게 이것저것 먹어보고 결정했다. 친구를 야구장으로 초대하는 날, 육회 쫄면이랑 크림새우를 대접하기로.

이런 결심을 하다가, 문득 기시감이 들었다. 야구장의 음식들을 미리 먹어보는 내 모습에서 아주 오래전 우리 이모할머니의 모습을 발견한 것이다.

이모할머니는 귤을 내 손에 그냥 쥐여주신 적이 없었다. 늘 껍질을 천천히 까서, 하얗고 굵은 섬유질을 정성껏 정리하며 귤을 다듬으셨다. 그렇게 예쁘게 다듬어진 귤을 곧바로 주시는가 하면 그건 아니었다. 꼭 귤 한 조각을 떼어 드시고 난 뒤에야 비로소 몇 개를 골라 내 손바닥 위에 올려주셨다.

언젠가 궁금해서 물어본 적이 있다. 같은 상자에서 꺼낸 귤인데 왜 매번 내게 주기 전에 미리 맛을 보시냐고. 그때 이모할머니는 이렇게 대답하셨다.

"귤 하나하나가 다 다르게 생겼듯, 같은 나무에서 나는 귤도 맛이 조금씩 다르거든. 그래서 아라가 먹을 귤은 유독 더 달달한 놈으로 골라주고 싶어서지."

그 대답에 담긴 거대한 사랑을 이해하기에는 아직 어린 7살이었지만, 이모할머니의 눈썹 모양만큼은 아직도 생생하다. 귤 맛을 볼 때 이모할머니의 눈썹은 살짝 올라가거나 내려갔는데, 눈썹이 위로 올라가면 귤이 달콤하다는 신호였고 아래로 내려가면 어김없이 이모할머니 입으로 들어갈 귤이라는 신호였다. 이모할머니의 눈썹이 올라가면, 그때부터 내 입에는 침이 고이기 시작했다. 덕분에 어린 시절의 나는 달콤한 귤만을 맛보며 자랐다.

귤뿐이 아니었다. 봄이면 이모할머니는 딸기 꼭지를 따면서도 과육 한쪽을 조금 잘라내 맛을 보곤 하셨다. 같은 바구니에 담긴 딸기임에도 어떤 건 입안에서 달콤하고 향긋한 과즙이 팡 터지고, 또 어떤 건 밍밍한 물 맛이 난다는 것이 그 이유였다. 달콤한 건 내게 주셨고, 물 맛이 나는 건 당신의 몫이었다. 그 모습이 얼마나 선명한지, 아직도 귤과 딸기를 보면 이모할머니의 갈라지고 주름진 손끝이 떠오른다. 내게 다가오는 모든 달콤한 맛 뒤에는 이모할머니가 미리 걸러내신 수많은 실패의 조각들이 있었던 것이다.

그래도 이모할머니는 즐겁다고 하셨다. 세상에 도착한 지 이제 막 7년 차가 된 인생 초보에게 상큼한 귤의 세계, 달콤한 딸기의 세계를 보여줄 수 있어서. 겨울이면 귤을 먹고, 봄이면 딸기를 먹어야 한다는 제철의 규칙을 알려줄 수 있어서. 무엇보다 맛있는 귤과 딸기를 먹었을 때의 내 표정을 보는 게 무척 설렌다고 하셨다. 이것이 초대하는 자가 만끽할 수 있는 최고의 기쁨이라고.

그때 나는 먼저 맛을 보는 행위란, 누군가를 나의 세계로 초대할 때 전할 수 있는 가장 정성 어린 사랑임을 배웠던 것 같다. 이 모할머니가 귤 하나, 딸기 하나에 보여준 그 섬세한 사랑이, 이제 내가 친구들을 야구장에 초대하면서 야구장의 음식들을 미리 맛보는 행동으로 자연스럽게 이어지는 게 신기했다.

생각해보니 친구들도 그랬다. 나에게 자신이 좋아하는 아이돌의 가장 멋진 무대 영상을 엄선해서 보여줬고, 자신의 동네에 초대할 때면 가장 맛있는 식당을 엄선해서 데려갔으며 제일 멋진 곳에 데려갔다. 귀연은 혹시 오징어볶음의 맛이 변했을까 봐, 나를 초대하기 며칠 전에 그 식당에 들러 맛을 한 번 더 보기도 했다고 말했다. 그 옆의 아이스크림 집에 어떤 새로운 제철 과일 맛이 나왔는지도 미리 확인했다며 참외 맛 아이스크림을 먹으라고 추천했다. 그들도 나를 자신의 세계로 초대하기 전에 만반의 준비를 했던 것이다. 내가 새롭게 만나는 세계에 실망하지 않고, 자신이 품고 있던 설렘과 감동을 똑같이 느낄 수 있기를 바라는 마음이었을 테다.

그렇게 정성껏 미리 맛본 음식으로 야구의 세계에 친구들을 초대한 덕분이었을까. 친구들은 육회 쫄면과 크림새우를 아주 맛있게 먹었다. 야구장을 배경으로 인증 숏도 찍어 갔다. 진주는 경기장의 푸른 잔디 위로 펼쳐지는 선수들의 허슬 플레이*를 보다가 어느새 나와 같은 눈빛을 하고 있었다. 그리고 얼마 지나지 않아 KIA 타이거즈의 팬이 됐다고 선언했다.

한편 귀연은 여전히 엔시티드림이 우선이었지만, 가끔씩 "라젤이 좋아하는 문보경인가, 걔 100타점 채웠다며. 아까 스포츠 뉴스에서 봤어" "오늘 바람 많이 부니까 신민재 홈런 나오면 좋겠다. 신민재는 진심 서사충의 마음을 울리는 선수임" 같은 말을 하며 내 세계를 흥미롭게 기웃거려 줬다.

나 또한 친구들이 좋아하는 것을 구경하기 위해 종종 그 세계에 놀러가곤 했다. 잘 꾸며진 그 세계는 사실 친구가 엄선하고 반짝이게 닦아둔 것들로 이뤄진 곳이었다. 이제는 그 정성이 보여 고맙기도 하고, 설레기도 한다.

어쩌면 초대의 기쁨이란 그런 걸지도 모르겠다. 내가 좋아하는 세계의 가장 달콤한 부분을 정성껏 골라 상대에게 건네는 것. 그 마음이 전해질 때 상대의 표정에서 반짝이는 행복을 발견하는 것. 나는 친구들의 세계에 놀러 갈 때마다 그들의 표정에서 오래전 귤 한 조각을 미리 맛보시던 이모할머니의 다정한 눈썹을 봤다. 아마 그들을 야구장에 초대한 나의 눈썹도 이모할머니의 모양이었을 거다.

결국 내가 살아가는 세계라는 건, 이토록 나를 아끼는 사람들과 함께 서로의 세계를 오가며 넓혀간 결과물이라는 사실을 깨닫는다. 그렇게 우리는 계속해서 서로의 세계에 기웃거리며, 서로를 따라 강남을 가기도 하고 북토크에 가기도 하고 야구장에도 가는 거겠지. 어쩌면 누군가를 좋아한다는 건, 그의 세계까지도 함께 좋아하게 되는 엄청난 일일지도 모르겠다. 그러니 앞으로도 나는 귀연과 진주를 따라 기꺼이 새로운 곳으로 갈 것이다. 그들도 마찬가지일 테고. 친구 따라 강남 간다는 속담은 내게 이제 이런 의미가 됐다.

좋아하는 이를 따라 더 넓고 아름다운 세계로 떠나는 멋진 모험.

계승에 대한 여러 이야기
소고기 대파 파스타

"요리는 따로 배웠어요?"

종종 이런 질문을 받곤 한다. 내가 엄청나게 근사한 요리를 하는 건 아니다 보니 이런 질문을 받는 것조차 부끄럽긴 하지만, 대답을 하자면 따로 배운 적은 없다. 그렇다고 타고났냐 하면 그건 또 아니다. 부엌에 선 엄마의 어깨 너머를 보며 자연스레 습득한 것이라 할 수 있겠다.

엄마는 손으로 하는 거라면 뭐든 잘했다. 공예를 전공해서 그런 걸까? 엄마 손을 거치면 뭐든 아름답고 근사한 결과물이 나왔다. 그림도 잘 그렸고, 공예 작품도 척척 만들어냈으며, 가구에 페인트칠을 해서 리폼하는 것도 수준급이었다. 집 곳곳에 엄마의 작품들이 들어서는 것을 보고 나도 미술을 하고 싶다고 말했다. 유년 시절 나의 롤 모델은 엄마였기 때문이다. 엄마처럼 키도 크고, 예쁘고, 똑똑하고, 이것저것 잘 만들어내는 사람이 되고 싶었다. 그래서 예고와 미대에 가서 엄마처럼 돼야겠다고 생각한 거다.

그때가 중학생이었으니, 나는 미술학원 예고 입시반에 다니게 됐다. 몇 달쯤 다녔을까, 학원비를 내러 온 엄마는 아그리파 석고상을 따라 그리고 있는 나를 보고 고개를 몇 번 갸웃하더니 내 손을 잡고 나왔다. 미술에는 영 소질이 없는 것 같으니 다른 방향을 알아보자고 했다. 사실 나도 미술학원에 다니면서 이게 맞나 싶긴 했다. 하지만 먼저 미술을 하겠다고 선언한 건 나였으니 그만두겠다는 말을 하기엔 얄팍한 자존심이 허락하지 않았다. 누군가가 나서서 이 길은 아닌 것 같다고 솔직히 말해주며 등을 돌려주길 바랐기에, 나는 엄마의 만류에 형식적으로 몇 번 튕기다가 이내 고개를 주억거렸다.

그 후 엄마는 주말마다 나를 데리고 나들이처럼 각종 백일장에 갔다. 미술에 재능이 없음을 '확인 사살' 당한 사춘기의 딸에게 다른 성취감이라도 쥐여주겠다는 게 엄마의 전략이었을 거다. 다행히 나는 백일장에서 크고 작은 상을 받았고, 어떤 백일장에서는 장원을 하기도 했다. 중등부, 고등부, 성인부가 있는 백일장에서는 엄마도 내 옆에 앉아 시를 쓰더니 성인부 차하(3등)를 받아버리기도 했다. 참고로 난 그 백일장에서 상을 받지 못했다.

아무튼 엄마는 시도 잘 썼고, 원석을 꿰어 팔찌를 만들어주기도 했고, 겨울이면 목도리를 손수 떠주기도 했다. 그렇게 엄마가 만들어낸 수많은 것 중에 사실 내가 가장 좋아했던 건 단연 엄마의 음식이었다. 주말이면 호두와 아몬드, 피스타치오, 밤을 듬뿍 넣은 찹쌀 파이를 오븐에서 꺼내는 냄새에 잠에서 깨어났다. 엄마의 강의가 없는 평일에는 집에 친구들을 데리고 오곤 했는데, 그때 엄마는 조청과 케첩, 소시지를 넣은 떡볶이를 만들어줬다. 친구들이 너무 맛있다고 하면 괜히 어깨가 으쓱해졌다. 별거 아닌데. 사실 우리 엄마 궁중 떡볶이도 되게 잘 만든다? 은근한 우쭐거림은 덤이었다. 떡볶이 잘 만드는 엄마를 뒀다는 건 그 당시 초등학생에겐 엄청난 '스펙'이었다.

특히 엄마는 내가 싫어하는 식재료도 좋아하게 만드는 데 일가견이 있었는데, 그중 하나가 파였다. 파를 골라내는 나를 보며 엄마는 살풋 웃었고, 그다음 날 프라이팬에 기름을 둘러 파를 달달 볶아냈다. 중불도 아니고 약불도 아닌, 중약불에서 파를 정성껏 오래오래 볶아내니 희한하게도 단내가 올라오기 시작했다.

그리고 그 파기름에 갈빗살을 구워냈다. 나는 옆에서 침을 꼴깍 삼켰다. 미리 삶아둔 파스타 면을 넣고 간장 2큰술, 면수 1국자. 휘리릭 강불에서 볶다가 접시에 담아냈다. 그리고 후추와 파슬리를 뿌려 내 앞에 놓아줬다. 한창 엄마표 파스타에 빠져 있던 시기였다.

포크를 들어 파스타면을 돌돌 말아 한입에 넣었다. 부드럽게 씹히는 파스타 면 사이로 파 향이 스며든 간장의 짭짤하고 고소한 풍미가 퍼졌다. 오랫동안 중약불에서 볶아낸 대파는 내가 그렇게도 싫어했던 알싸함 대신 단맛을 은근하게 머금고 있었다. 파기름에 고소하게 익은 갈빗살은 씹을수록 육즙이 새어나왔다. 맛있었다. 대파가 이렇게나 달달할 수 있다는 사실은 그때 처음 알았다. 파스타를 다 먹고 접시 바닥에 남은 파기름까지 숟가락으로 떠먹었다. 그렇게 나는 '대파를 맛있게 먹는 법'이라는 작지만 소중한 유산을 엄마로부터 물려받았다.

재밌는 건 얼마 뒤 외할머니 댁에 방문했을 때의 일이었다. 부엌에서부터 달큰하고 짭조름한 냄새가 풍겨 왔다. 외할머니는 오목한 그릇에 하얀 쌀밥을 담고 그 위에 방금 볶아낸 듯한 소고기와 파를 넉넉히 얹어 내게 건네셨다. 따끈한 밥에서 올라오는 김과 대파의 향긋한 향기가 섞였다. 한 숟갈 크게 떠 입안에 넣으니 익숙한 맛이 혀 위에 퍼졌다.

"할머니, 이거 엄마가 저한테도 해줬어요. 저는 파스타로 먹었거든요!"

외할머니는 내 반응에 활짝 웃으며 말씀하셨다.

"엄마가 그걸 해줬구나. 사실 네 엄마도 원래 파를 엄청 싫어했단다. 그래서 어떻게든 파를 먹게 하려고 할머니가 이 덮밥을 만든 거야. 그런데 그걸 네가 또 먹었구나?"

그 말에 나는 웃음을 터뜨렸다. 내가 파를 싫어했던 것처럼, 엄마 역시 파를 싫어했던 시절이 있었다는 사실에 왠지 친근감이 느껴졌다. 할머니는 그 사실을 마치 귀한 비밀처럼 웃으며 내게 들려주신 거였다.

나는 외할머니의 소고기 대파 덮밥을 먹으며 엄마가 해준 소고기 대파 파스타의 맛을 떠올렸다. 두 가지 요리 모두 중약불에 볶아낸 파의 달큰한 향미가 공통적으로 느껴졌다. 생각해보면 파를 중약불에 오래 볶으면 달아진다는 사실은, 학교에서 알려주는 게 아니었다. 하지만 외할머니는 이 사소한 비결을 엄마에게 알려줬고, 엄마는 다시 나에게 그것을 전해준 거였다.

나는 엄마가 가진 손재주나 공예의 감각은 결국 물려받지 못했지만, 엄마의 손맛만큼은 물려받을 수 있었다. 그리고 그것이 내게는 어떤 유산보다 소중했다.

이제 나는 마음이 공허하거나 허기질 때 마트에 가서 망설이지 않고 대파를 산다. 집에 돌아와 파를 다듬고, 프라이팬 앞에 서서 중약불로 천천히 볶는다. 파를 볶을 때면 처음엔 매콤하고 알싸한 향이 올라와 눈이 아리지만, 곧 파가 열기를 받으며 점점 흐물흐물해진다. 그리고 그때를 기점으로 달달하고 고소한 향기로 바뀐다. 그 향이 부엌에 가득 퍼질 무렵이면 마음속에서 뾰족하게 날을 세우던 무언가가 부드럽게 녹아내리는 기분마저 든다.

엄마는 어쩌면 내게 단순히 음식 레시피만을 물려준 것이 아니라, 일상 속에서 마주하는 작은 공허함을 스스로 달래는 방법까지 함께 알려준 셈이다. 손수 재료를 고르고, 하나하나 정성껏 손질하고 볶고 끓이면서 온전히 나 자신만의 시간을 가지는 법을 말이다. 요리란 그런 거다. 배고픔을 해결하는 것 이상의 의미로, 스스로에게 건넬 수 있는 가장 따뜻하고 정성 어린 위로의 방식. 엄마가 외할머니에게서 이어받아 나에게 계승한 건, 바로 삶을 대하는 다정하고 정성스러운 태도였다.

사실 엄마가 계승한 건 대파를 볶는 법뿐만이 아니었다. 가지를 맛있게 먹는 법, 참나물을 새콤하게 무쳐 내는 법, 꼬막을 비리지 않게 요리하는 법, 호박잎을 야들야들하게 찌는 법까지. 내가 좋아하지 않았던 수많은 식재료들이 엄마의 손길 덕에 내 식탁 위에서 맛있는 요리로 거듭났다. 엄마가 내게 준 유산은 이렇게 소박하지만 따스하게 내 삶 속으로 스며들었다.

그러던 어느 날, 엄마와 함께 소고기 대파 파스타를 만들어 먹으며 야구를 보고 있을 때였다. 엄마는 내가 만든 파스타를 맛보더니 "엄마한테 제대로 배웠는데? 이제 하산해도 되겠어!" 하며 장난스레 웃었다. 그러더니 선발투수로 마운드에 올라온 김윤식의 연습 투구 모습을 가만히 보고 있었다. 그리고 입을 열었다.

"윤식이 47번 달았네?"

"응. 윤식이가 이번 시즌 시작 전에 이상훈 선수한테 직접 찾아가서 47번 달아도 되겠냐고 허락을 받았대. 이상훈 선수도 47번 달고 씩씩하게 던지라고 해줬다네."

엄마는 고개를 끄덕이며 말했다.

"그렇구나. 그럼 윤식이 진짜 잘해야겠다."

"지금도 잘하는데, 뭐!"

"그래도 더 잘해야지. 47번을 달았으면 말이야."

나는 이상훈이라는 선수가 공을 던지는 모습을 직접 본 적은 없지만, 엄마는 야생마라 불린 좌완 투수* 이상훈이 어떤 존재였는지 정확히 기억하고 있었다. 엄마가 말하는 등번호 47번에는 단순한 숫자 이상의 의미가 담겨 있었다. 이상훈을 동경했던 김윤식이 그 번호를 계승하는 것은 단지 번호 하나를 물려받은 것이 아니라 LG 트윈스 팬들의 추억과 존경, 그에 걸맞는 책임감까지 함께 물려받은 거라는 생각이 들었다. 아마 류지현의 6번을 물려받은 구본혁 역시 마찬가지일 것이다.

47번을 단 윤식이가 더 잘해야 한다고 말했던 엄마의 마음을 이해하게 된 건 올해 초 개막 시리즈에서였다. 문정빈이 채은성의 응원가를 물려받은 것이다. 채은성은 LG 팬들에게 남다른 의미를 지닌 선수였다. 아무도 주목하지 않았던 신고 선수로 입단해, 마침내 팀의 중심 타자로까지 자리매김한 선수. 채은성의 응원가에는 그의 야구 인생을 축약한 듯 특별한 서사와 응원이 담겨 있었다. 많은 팬들이 그 응원가를 유난히 아꼈고, 채은성이 FA로 팀을 떠난 이후에는 마치 그 노래가 그리움이 서린 기념품인 양 그 누구에게도 선뜻 내주지 않았다. 응원가 그 자체가 그의 흔적을 담고 있었기 때문이다.

그런데 그 특별한 응원가를 문정빈이 이어받게 된 것이다. 문정빈은 줄곧 채은성을 롤 모델 삼아 야구를 해왔다고 했다. 그런 사연이 있음에도 뭔가 섣불리 인정하고 싶지는 않았다. 문정빈이 이 응원가를 받아도 되나? 다른 사람도 아니고 채은성 응원가였는데?

그리고 2025년 개막 시리즈의 첫날이었다. 문정빈이 타석에 들어섰을 때, 경기장은 일순간 적막했고 이어 팬들의 우렁찬 응원가가 울려 퍼지기 시작했다.

문정빈, 힘차게 날아올라 봐!
LG의 승리 위하여.
문정빈, 넌 빛나고 있어. 반짝반짝!

팬들은 문정빈의 이름을 부르면서도 채은성을 떠올리고 있는 듯했다. 양옆에서는 "채은성 생각난다. 그치?" 이런 이야기들이 오갔다. 노래를 부르는 나조차도 그랬다. 이 응원가를 부를 때면, 언제나 채은성의 데뷔 초 모습이 눈앞에 아른거렸다. 배영수를 상대로 첫 안타를 치고, '대선수가 되세요'라는 글귀가 적힌 기념구를 받은 채은성. 아무도 기대하지 않았지만 끝까지 포기하지 않고 한 계단씩 올라가 '대선수'가 된 채은성의 야구 인생 말이다. 그렇게 채은성의 서사가 겹쳐진 노래를 문정빈을 향해 부르는 순간, 문득 마음이 뭉클했다.

별과 달은 어둠을 무서워하지 않는다고 했던가. 신고 선수 출신이라는 어둠과 편견을 떨쳐내고 별처럼 빛났던 채은성의 서사처럼, 문정빈도 언젠가 채은성 같은 선수가 되기를 바라는 마음이 가득 담긴 응원가였다. 개막 시리즈의 둘째 날, 마지막 가사인 "주인공은 바로 너!"가 끝난 직후, 문정빈은 타석에서 힘차게 방망이를 휘둘렀고 공은 좌측 담장을 훌쩍 넘어갔다. 데뷔 첫 안타가 홈런이었다. 그 순간 문정빈이 채은성의 응원가를 물려받아도 될 만한 선수라는 생각이 들었다.

그날, 경기장을 나서며 엄마가 김윤식의 등번호 47번에 대해 말했던 것이 떠올랐다. 그저 번호 하나, 응원가 하나일 뿐인데도 사람들은 그렇게 많은 의미와 애정을 담아 전달하고 계승한다. 엄마의 말처럼 47번을 물려받은 김윤식이 더 잘해야 하듯이, 채은성의 응원가를 물려받은 문정빈 역시 더 잘해야 할지도 모른다. 그만큼 그 응원가에는 수많은 팬들의 추억과 사랑이 녹아 있기 때문이다.

소고기 대파 파스타를 먹을 때마다 엄마의 손맛을 기억하듯, 이상훈과 류지현의 시대를 함께한 사람들은 김윤식과 구본혁의 모습에서 그들의 젊은 시절을 떠올릴 것이다. 언제나 두려움 없이 마운드로 뛰어 올라가던 이상훈의 발걸음과 신바람 야구 그 자체였던 꾀돌이 류지현의 모습을. 그리고 문정빈이 받은 응원가가 채은성을 기억하는 사람들에게는 그리움의 흔적으로, 문정빈에게는 더 성장해야 하는 막중한 책임감으로 다가올 수 있겠지만 결국 그것 또한 따뜻한 사랑의 표현일 것이다.

계승이란 그런 게 아닐까. 우리 삶 속의 작은 역사들을 기억하고 존중하며, 애정을 담아 다음 세대로 넘겨주는 일. 음식에서든 야구장에서든, 우리는 그렇게 과거의 아름다움을 계승하며 미래로 나아간다.

사서 고생하기 프로젝트
열무국수와 참나물 비빔국수

 나는 여름을 사랑한다. 늦가을부터 여름이 다시 오기를 손꼽아 기다리고, 겨울이 되면 굳이 여름 날씨의 나라로 여행을 떠난다. 어릴 때는 내 생일이 여름이 아닌 점이 속상해서, 7월생인 남동생과 생일을 바꾸고 싶다고 떼를 쓰기도 했다. 엄마, 아빠, 남동생 모두 한여름이 생일인데 나만 2월 생일인 게 무척 슬펐다. 그러니까, 나는 여름의 아주 오랜 팬이라고 할 수 있다.

 여름의 어원이 '열음', 즉 열매가 열리는 계절이라는 것을 알게 된 순간, 나는 마치 소중한 비밀을 발견한 듯한 기분이 들었다. '여름'이라는 단어 속에 이미 이렇게나 생생하고 싱그러운 의미가 담겨 있다니! 어떻게 여름은 이름도 여름이야. 이름까지 특별해 보이면 이건 진짜 중증의 사랑이라는 건데.

아무튼 봄에 싹을 틔우고 꽃을 피우는 생명들은, 마침내 여름에 이르러 자신만의 열매를 맺는다. 그 모든 기다림과 인내가 고스란히 담겨 있기에, 여름에 맺히는 열매들은 하나같이 탐스럽고 아름답다. 뜨거운 태양 아래서 과즙을 듬뿍 머금고 익어가는 복숭아처럼 말이다.

한 입 베어 물면 드러나는 말갛고 촉촉한 과육, 그리고 혀끝에 닿는 순간 망설임 없이 터지는 단맛. 쫀득한 복숭아의 맛을 보면, 여름이 왜 '열음'인지 단번에 알 수 있다. 긴 시간 햇빛을 머금고 빗물을 받아내며 땅속 깊이 뿌리내렸던 복숭아나무는, 그렇게 기다림의 시간 끝에 달콤한 결실을 내준 것이다.

그뿐인가. 아빠가 사각 플라스틱 용기에 가지런히 잘라 담아둔 수박을 포크로 집어 먹을 때의 그 시원함. 수박의 단물이 입가에 흘러내리는 것도 모른 채로 순식간에 한 통을 비우게 된다. 그리고 자두나 살구의 새콤달콤함이 입안에 퍼지는 순간을 또 어찌 빼먹을 수 있을까. 살얼음이 동동 뜬 시원한 함흥냉면과 묵묵히 깊은 맛을 내는 평양냉면을 먹으며 더위를 쫓는 것도 오직 여름이기에 더욱 빛나는 행복이다.

무거운 이불이 아닌 얇은 이불 1장을 덮고 잘 수 있는 것도 좋다. 가볍게 살갗을 스치는 얇은 여름 이불의 서늘하고 바삭한 촉감, 살랑이는 선풍기 바람을 맞으며 낮잠이라도 자는 날엔 더없이 행복한 기분이 든다. 어느새 두터워진 초록 나뭇잎은 여름이 생장의 계절임을 몸소 알려주고, 능소화가 담장을 뒤덮으면 어쩐지 마음까지 주황색으로 물드는 듯 설레고 따뜻하다. 휴가를 앞둔 사람들의 표정에는 행복한 긴장감이 감돌고, 그들의 걸음걸이와 가벼운 옷차림에는 설레는 기대감이 묻어난다. 여름은 그렇게 활기차고 빛난다.

하지만 야구를 좋아하게 된 이후로 나에게 여름의 의미는 조금 바뀌었다. 사실, 한여름에 야구장을 간다는 건 분명 보통 일이 아니다. 특히 주말 낮 경기라면 더더욱. 꼭대기 자리가 아닌 이상 그늘 한 점 없는 곳에 3시간 넘게 앉아 있어야 하기 때문이다.

체감 온도가 35도를 넘는 뙤약볕 아래, 가만히 있어도 땀이 비오듯 쏟아지고 습한 공기는 피부에 착 달라붙어 숨조차 턱턱 막힌다. 야구장을 가득 메운 사람들 사이에서 느끼는 열기는 뜨겁다 못해 끈적인다. 만약 불펜 투수*들이 올라와 마운드에 불이라도 지르는 날이면, 가슴속에서 화가 치밀어 오른다. 날씨로 인한 불쾌지수 90, 마운드의 화재로 인한 불쾌지수 100, 도합 190의 불쾌지수를 가진 야구 팬이 되는 것이다.

공교롭게도 여름은 투수들이 퍼지기 딱 좋은 계절이다. 그러니까 매일 5개의 경기장에서 동시다발적으로 불이 나고, 팬들의 가슴에는 열불이 나는 것이다. 이거 뭐 119를 불러 불을 끌 수도 없고. 그렇다. 블론의 계절, 여름이었다.

경기가 끝나고 야외에 세워둔 차에 오르면 마치 찜질방 불가마 한가운데에 앉는 기분이 들 정도다. 뜨거운 핸들에는 손을 댈 수도 없고, 시트에 앉으면 등에서부터 땀이 주룩 흘러내려 옷이 끈덕지게 붙는다. 에어컨을 파워로 틀며 생각한다. 와. 이건 정말 사서 하는 고생이다. 티켓값과 주차비, 주유비를 내고 고생하기. 돈 주고 고생하기 프로젝트가 따로 없다. 한여름에 야구장을 찾는 건 정확히 그런 일이다.

그럼에도 불구하고, 여름이 야구 팬에게 주는 아름다운 것들도 분명 존재한다. 붉게 타오르던 석양이 내려앉으며 보랏빛 하늘로 변해가는 모습을 실시간으로 포착할 수 있는 여름날의 야구장, 살랑이는 바람 한 줄기에도 가벼워지는 마음 같은 것. 뜨거운 공기 속에서도 홈런이 터지면 놓치지 않고 서로를 얼싸안는 LG 트윈스표 홈런 세리머니와 관중들이 든 응원 수건으로 만들어진 노란 물결까지.

모두가 하나되는 올스타전*의 흥겨움, 가을을 향한 간절한 열정, 고척스카이돔에서 열리는 키움 히어로즈와의 경기를 기다리는 마음, 땀을 뻘뻘 흘리며 응원한 경기가 승리로 끝난 후 집에 돌아와 샤워를 할 때 흥얼거리는 응원가, 무더운 야구장에서 먹는 김치말이국수의 시원한 국물까지도. 모두 내 여름의 일부가 됐다. 그리고 이런 것들이 있기에 우리는 한여름에도 어김없이 야구장으로 향한다.

아무도 나에게 그런 고생을 하라고 시키지 않았음에도, 굳이 한여름에 야구장에 가서 응원을 한다. 굳이 안 해도 되는 일을 하게 하는 것, 이것이야말로 사랑의 힘이라 생각한다. 솔직히 말하자면 뜨거운 땡볕 아래 서서 두 팔을 들고 "외쳐라 무적 LG"를 외칠 때, 불볕더위에 지친 몸을 이끌고 집에 돌아가면서 '그래도 이겨서 좋다'고 중얼거릴 때, 비로소 나는 진정한 여름을 살아가는 기분이 든다.

무엇보다 한여름 직관 이후, 집에 와서 씻고 후루룩 말아 먹는 국수가 정말 별미다. 사실 그 맛을 느끼려고 야구장에 다녀오는 거 같다는 생각이 드는 날도 있다.

여름날 야구장에 다녀와서 가장 자주 먹는 건 열무국수다. 우선 시판 동치미 육수를 냉동실에 넣어둔다. 그러면 면을 삶는 동안 살얼음이 생기기 때문이다. 삶은 메밀면은 찬물에 빠르게 여러 번 헹궈낸다. 손끝에 면의 차가운 감촉이 느껴질 때까지 씻어내다 보면, 더위에 지쳤던 몸도 조금씩 식어간다. 메밀면을 면기에 담고, 살얼음이 아삭하게 씹히는 동치미 육수를 부어준다. 그리고 잘 익은 열무김치를 듬뿍 올린다.

양념장은 미리 만들어두고 며칠간 쓰는 편이다. 고춧가루 2큰술에 식초 3큰술, 간장과 매실액을 각 1큰술씩 넣고, 마지막으로 고소한 들기름 반 큰술과 참깨를 듬뿍 뿌려 만들어뒀다. 양념장을 한두 숟가락 정도 떠서 면 위에 올려 섞어 먹으면 된다.

메밀면 특유의 쫄깃한 탄력감과 잘 익어 새콤한 열무김치의 아삭함. 사실상 맛이 없을 수 없는 조합이다. 면을 씹다가 면기를 들고 국물을 마시면, 동치미 육수의 차갑고 청량한 맛이 입안 구석구석 퍼진다. 이때 귀가 아릿해질 정도로 시원한데, 샤워를 했음에도 남아 있던 더위와 불쾌지수가 한꺼번에 씻겨 내려가는 듯한 기분이 든다. 오묘한 단맛의 매실액이 고춧가루와 섞여 감칠맛을 더하고, 그 위로 들기름의 고소함이 혀끝에 잔잔히 남는다. 뙤약볕 아래에서 야구를 보느라 땀 흘린 몸과 마음이 이 열무국수 한 그릇으로 완벽히 보상을 받는 기분이다.

또 다른 별미로는 참나물 비빔국수가 있다. 밥그릇에 간장 2큰술과 들기름 1큰술, 매실액 1큰술, 식초 1.5큰술, 설탕 반 큰술을 넣어 양념장을 만든다. 여기에 참나물의 줄기 부분을 잘게 썰어 넣으면, 싱그러운 향이 퍼지며 입맛이 돋는다. 이때는 메밀면 대신 하얀 소면을 냄비에 넣어 삶는다. 삶아진 소면을 찬물에 헹궈 차갑고 탱탱하게 만든 후 면기에 소복이 담는다.

그 위로 참나물 잎과 잘게 썬 새빨간 토마토를 넉넉히 올리고, 참나물 줄기를 넣어 미리 만들어 놓은 양념장을 뿌려 골고루 비벼낸다. 참고로 참나물이 없다면 미나리로 대체해도 된다. 미나리가 향은 조금 더 센 편이다.

아삭한 토마토의 신선한 식감과 싱그럽고 향긋한 참나물이 완벽한 조화를 이루는 비빔국수다. 매실액과 식초로 낸 새콤달콤한 맛은 개운한 맛의 참나물과 어울려 여름밤 입맛을 깨운다.

선풍기를 틀어놓고 차가운 마룻바닥에 앉아 국수를 먹는 건 여름의 또다른 묘미다. 입안 가득 펼쳐지는 여름의 맛. 직관에서 이긴 날 먹으면 2배로 맛있게 느껴지고, 설령 지고 돌아온 날이라도 국수 한 그릇을 해 먹으면 신기하게 아쉬움이 희미해진다. 국수를 다 먹고 빈 면기를 내려다보면, 어느새 내일을 향한 희망이 싹튼다. 내일도, 혹은 내일은 반드시 이길 거라는 기분 좋은 예감.

분명 야구장에서 나와 차를 탈 때까지만 해도 사서 고생이라고 생각했는데, 그 생각은 어디론가 사라지고 이 국수의 맛을 느끼기 위해서라도 여름날 직관을 계속해야겠다는 유쾌한 결심까지 하게 된다. 그렇게 나의 여름은 오늘도, 국수 한 그릇과 함께 뜨겁고 싱그럽게 지나가고 있다.

아무리 생각을 해도, 나는 여름이 너무 좋다!

I was born to love you

 '연예인들의 연예인'이라는 말이 있다. "어린 시절 이 분의 영화를 보고 배우라는 직업을 동경하게 됐어요." "이 노래를 듣고 가수가 되고 싶다는 꿈을 꾸게 됐어요." 뭐 이런 것들 말이다. 꼭 한 번 만나 뵙고 싶었다는 말, 그리고 같이 무대에 서는 것 혹은 함께 영화를 찍는 것이 실감나지 않는다는 말을 덧붙인다. 그런 말을 하는 이들의 표정은 벅차고, 때로는 황홀해 보이기까지 한다.

 얼마나 기다리던 순간이었을까. 나를 꿈꾸게 했던 이를 만나고, 그와 함께 가장 좋아하는 일을 하는 것. 이보다 더 설레는 순간이 또 있을까.

야구장에도 그런 설렘이 존재한다. '야구 선수들의 야구 선수'도 있다는 말이다. 어린 시절, 드넓은 그라운드 위를 적토마처럼 누비는 한 선수를 보며 같은 유니폼을 입고 함께 뛰고 싶다는 상상을 품은 이들이 있다. 선명한 줄무늬를 꿈에 그려왔을 이들. 그리고 그들이 동경하던 대상은 바로 LG 트윈스의 영원한 9번, 이병규다. 누군가는 그를 보며 야구를 시작했고, 누군가는 그와의 만남을 꿈꾸며 프로야구를 목표로 삼았다.

오지환과 임찬규는 가장 처음 좋아했던 야구 선수로 주저 없이 이병규의 이름을 꼽았다. 이 둘은 이병규에 대해 말할 때마다 그리움과 존경이 뒤섞인 목소리를 냈고, 눈빛은 어린아이처럼 반짝였다. 특히 오지환은 2023한국시리즈 3차전에서 역전 스리런을 친 후 손을 번쩍 드는 세리머니를 하며, 팬들로 하여금 이병규의 뒷모습을 떠올리게 했다. 김현수는 고등학생 시절까지도 이병규 선배님과 함께 야구하는 것이 꿈이었다고 말했다. 그는 오랜 기다림 끝에 마침내 꿈을 이뤘다. 줄무늬 유니폼을 입은 김현수는 더그아웃에서 이병규와 마주칠 때마다 설레는 기색을 숨기지 못했다. 박해민은 처음 야구를 시작할 때는 우타였지만, 좌타인 이병규가 너무 멋있어서 왼손 타자로 바꿨다고 했다. 오지환, 임찬규, 김현수, 박해민까지. 사실상 LG 트윈스의 OB는 이병규 팬클럽이자 성공한 덕후들의 모임이나 다름없는 셈이다.

사실 누군가를 깊이 좋아하면 그와 비슷한 행동을 하게 된다. 어느새 그의 사소한 버릇을 따라 하고, 그의 취향과 습관을 슬며시 몸에 새기는 것이다. 오지환이 그랬고, 박해민이 그랬다. 그리고 우리도 마찬가지였다.

2013년, 이병규가 '으샤으샤 세리머니'로 팀을 하나로 만들었을 때, 팬들 역시 하나가 됐다. 그가 홈런을 치고 베이스를 돌아 더그아웃으로 들어올 때, 그가 어려운 공마저 쳐내며 점수를 올릴 때, 관중석에 앉은 수만 명의 팬들은 두 팔을 들어 올려 이병규와 함께 '으샤으샤'를 했다. 우리는 이병규를 사랑했고, 그와 같은 동작을 반복하며 열광했다. 그 순간만큼은 우리 모두 이병규가 됐다. 좋아하면, 닮게 된다.

지금은 종합운동장 역에 내려서 홍창기와 오지환을 따라가면 야구장에 도착한다지만, 예전엔 이병규였다. 처음으로 목동 야구장에 가기로 한 날, 오목교 역에서 내린 나는 지도부터 살폈다. 초행길에 혼자이기까지 해서 긴장했는데, 그 순간 이병규의 유니폼을 입은 가족들이 지나가는 것이었다. 엄마, 아빠 그리고 어린 딸 모두 이병규 유니폼을 입고 있었다. 나는 그분들 뒤를 졸졸 쫓아갔다. 10분 정도 걸었을까. 목동 야구장이 눈에 들어왔다.

그날 나는 아주 진기한 기록을 2개나 보았는데, 하나는 이병규의 최고령 사이클링 히트*라는 명예로운 기록이었고 두번째는 사이클링 히트를 친 팀이 처음으로 진 경기라는 오명의 기록이었다.

첫 타석에서 안타, 두 번째 타석에서 라뱅* 스리 런 그리고 세 번째 타석에서 2루타를 쳐냈다. 기대감은 고조됐으나, 가장 치기 어렵다는 3루타가 남은 상태였다. 게다가 이곳은 외야가 드넓은 잠실이 아니라 가장 작은 구장인 목동 야구장이었다. 그러나 이병규는 그 어려운 걸 해냈다. 초구*를 쳤고, 좌중간을 가르는 공이 굴러가는 동안 이병규는 3루에 안착했다. 최고령 사이클링 히트가 완성되는 순간이었다. 팬들은 두 팔을 들어 으쌰으쌰를 하며, 이병규의 이름을 연호했다. 그건 이병규를 향한 헌사이자 일종의 오마주였다.

그리고 8회 말 1사 만루에서 넥센 히어로즈(현 키움 히어로즈)의 홈 스틸*로 역전패를 당한 건 잊도록 하자(그 당시 넥센 히어로즈의 감독이 염경엽이었다는 사실 또한 잊어보자). 덥고 습했던, 2013년 7월 5일의 일이었다.

그로부터 꼬박 3개월이 흐른 2013년 10월 5일. 그날도 나는 야구장에 있었다. 용돈을 모아 잠실 야구장의 시즌권을 구입한 나는 여느 때처럼 익숙한 내 자리에 가서 앉았다. 두산 베어스와의 시즌 마지막 경기, 그리고 플레이오프 직행을 두고 겨루는 단판 승부. 매진이 당연한 경기였고, 잠실의 열기는 그 어느 날보다 뜨거웠다.

시즌권 자리다 보니 옆자리, 앞자리, 뒷자리 사람들과 자주 만나며 안면을 트게 됐는데, 경기 시간이 다가오는데도 옆자리의 부부가 들어오지 않았다. 설마 오늘처럼 중요한 날에 못 오시는 건 아니겠지. 괜한 노파심이 들었다.

그러다 경기 시작 5분 전, 헐레벌떡 들어온 옆자리의 부부는 나에게 반갑게 인사를 건넸다. 그러고는 내 표정을 읽었는지, 유니폼을 하나 들어 보이며 말했다.

"아, 우리 안사람 유니폼을 하나 사느라 늦었어요. 이병규 유니폼. 원정 유니폼은 있는데, 생각해보니 홈 유니폼은 없더라고. 내 건 있지, 당연히. 근데 가을야구 가기 전에 안사람도 이병규 홈 유니폼 하나는 있어야 할 거 같아서. 하하. 이렇게 오래 걸릴 줄은 몰랐네."

아주머니가 입기 시작한 선명한 줄무늬 유니폼 위에 '9'라는 숫자가 새겨져 있었다. 항상 이병규의 유니폼을 입고 오는 부부였는데, 또 이병규 유니폼이라니. 그리고 그분들은 가방 안에서 주섬주섬 이병규 플레이어 타올도 꺼냈다.

경기가 시작됐고, 초반부터 홍성흔과 이원석의 백투백 홈런이 터졌다. 두산의 선수들은 세리머니를 평소보다 크게 하며 분위기를 점점 고조시켰다. 속상한 마음에 고개를 숙인 나에게 옆자리의 아저씨가 느닷없이 두 팔을 번쩍 들고 '으쌰으쌰'를 하며 말했다.

"학생, 너무 상심하지 말아요. 우리에겐 이병규가 있잖아요." 아저씨의 얼굴에는 진심 어린 환한 미소가 가득했다. 함께 온 아주머니는 내게 슬며시 맛밤을 건넸다. "이거 먹고, 힘내서 같이 응원해요."

뜻밖의 다정함에 나는 약간 멋쩍었지만 기분이 좀 나아졌다. 무심코 건네받은 맛밤을 까먹으면서 문득 궁금해졌다. 저렇게 무한한 믿음과 확신이 담긴 표정은 어디서 오는 걸까. 사실 조금 의아하기도 했다. 백투백 홈런을 맞고, 우리가 지고 있는 상황임에도 이병규가 있으니 괜찮다고 말할 수 있는 자신감이라니. 결국 나는 5회 말이 끝난 클리닝 타임*에 물었다.

"아저씨와 아주머니는 이병규를 왜 그렇게 좋아하세요?"
아저씨는 나의 질문에 크게 웃으며 대답했다.

"하하. 그러게. 그런데 어떻게 이병규를 안 좋아할 수 있겠어요? 학생은 혹시 이병규가 싫어요?"

장난기가 섞인 되물음에 나는 급히 손사래를 쳤다.

"아니, 그건 절대 아닌데요! 저는 사실 고등학생 때부터 야구를 보기 시작해서, 야구를 본 날이 그렇게 길지는 않아요. 그런데 90년대부터 LG 트윈스를 좋아했던 저희 엄마도 이병규를 정말 많이 좋아하시거든요. 엄마한테 물어봐도 똑같이 '이병규를 어떻게 안 좋아해?'라고 하시고요. 그래서 아저씨, 아주머니께도 한번 여쭤보고 싶었어요."

내 말에 아저씨와 아주머니는 동시에 웃음을 터트리며 "그러게 말이에요. 우리는 왜 그렇게 이병규가 좋을까?"라고 중얼거렸다.

6회, 경기는 다시 진행됐다. 곧이어 LG 트윈스는 무사 1, 3루 절호의 찬스를 맞았다. 잠실이 술렁이기 시작했다. 그러나 마운드에 올라온 상대 투수는 유희관이었다. 유독 LG 트윈스 타자들에게 까다로운 좌투수였다. 그를 보는 순간 학습된 불안감이 엄습했다. 희생 플라이*로 1점을 내긴 했지만, 유희관은 2아웃까지 순조롭게 잡아갔다. 관중석 여기저기서 작은 한숨과 불안한 웅성거림이 들려왔다. 그러나 옆자리의 아저씨는 다시 한번 웃으며 아주머니에게 말했다. "괜찮아. 우리한텐 이병규가 있잖아?"

그 말이 끝나자마자 타석에 들어선 선수의 등 번호는 9번이었다. 익숙한 등장 곡인 〈I was born to love you〉의 전주가 흘러나왔다. 곧이어 "I was born to love you. With every single beat of my heart"라는 가사가 이어졌다. 나는 당신을 사랑하기 위해 태어났어요. 온 마음을 다해서 말이죠.

우리는 마치 그 노래의 가사가 우리의 마음을 대변하는 것처럼 이병규의 이름을 크게 외쳤다. 우리의 부름에 응답하듯 그는 날카로운 타구를 외야로 보냈다. 우익수 방향으로 공이 뻗어 갔고 이내 담장까지 공이 굴렀다. 2명의 주자가 홈을 밟았다. 이병규는 빠르게 2루를 향해 내달렸고, 상대 우익수의 실책으로 3루에 안착했다. 사실상 이 안타로 이병규는 최고령 타격왕까지 손에 쥔 셈이었다.

잠실은 마치 폭발하는 화산처럼 흔들렸다. 나도 모르게 자리에서 벌떡 일어나 두 팔을 번쩍 들었다. 그리고 어느새 옆자리의 아주머니와 얼싸안고 있었다. 아저씨는 다시 한번 '으쌰으쌰 세리머니'를 하며 환호했다.

"이거 봐요. 학생. 어떻게 우리가 이병규를 사랑하지 않을 수 있겠어요!"

정신을 차려보니 집에서 야구를 보고 있던 엄마에게서도 비슷한 메시지가 와 있었다.

"역시, 이병규가 해낼 줄 알았다!"

그 순간 우리는 모두 같은 믿음을 가지고 있었던 것이다. 결국 이병규는 그렇게 우리의 믿음에 응답했고, 이내 김용의의 기습 번트가 성공하며 이병규 또한 홈을 밟았다. 그가 멋지게 두 팔을 들어 올리며 '으쌰으쌰 세리머니'를 하자, 몇몇 팬들도 그를 따라 두 팔을 번쩍 들어 올렸다 내렸다 했다. 우리는 그를 사랑하기 위해 태어난 사람처럼 그를 조건 없이 동경했고, 그의 모습을 닮아갔다. 함께 으쌰으쌰를 하는 순간만큼은, 안 될 것이라는 두려운 마음은 사라지고 더없이 무한한 용기가 피어났다. 이병규의 대담한 심장마저 닮아간 것이다.

9회 초, 봉중근이 마운드에 올랐다. 두산 베어스의 마지막 타자인 정수빈의 타구가 우익수 양영동의 글러브에 들어간 순간, 양영동은 마치 승리의 트로피라도 받은 것처럼 하늘 높이 손을 들어 올렸다. 마운드 위의 봉중근은 펄쩍 뛰며 주먹을 꽉 쥐고 포효했다. 그리고 모든 선수들이 더그아웃에서 뛰쳐나왔다. 10년 만의 가을야구, 16년 만의 플레이오프 직행이 확정되는 영화 같은 순간이었다.

2013년 10월 5일, 이 날은 내게 여전히 어제 일처럼 또렷한 기억으로 남아 있다. 서로 끌어안고 기쁨을 나누던 모습도, 얼싸안고 함께 울먹이던 모습도, 그렇게나 많은 사람들이 동시에 두 팔을 높이 들고 '으쌰으쌰'를 하던 모습까지도. 그 모든 순간 속에서 이병규라는 이름은 너무도 선명했다.

그때 알았다. 그날의 나도, 옆자리의 아저씨와 아주머니도, 그리고 엄마까지도, 우리는 모두 이병규를 통해 같은 꿈을 꾸고 있었던 것이다. 우리가 이병규를 사랑하는 이유는 결국 그런 것이었다. 그는 지고 있어도 반드시 승리할 수 있을 것 같은 믿음을 줬고, 아무리 어려운 상황이라도 해낼 수 있다는 자신감과 용기를 줬다. 그래서 우리 모두 이병규가 타석에 서는 순간이면 어느새 한마음으로 믿고 있었던 것이다.

우리의 간절한 꿈이 이루어지는 순간, 그 가운데에는 반드시 이병규가 서 있을 것이라는 확신 말이다. 우리의 심장이 그를 따라 뛰고, 우리의 팔이 그를 따라 '으쌰으쌰'를 하며 움직일 때, 비로소 우리는 깨닫게 됐다. 어쩌면 우리는 바로 이런 사람을 사랑하기 위해, 이런 사람을 동경하기 위해 태어난 것이 아닐까.

"I was born to love you."

그날 야구장을 가득 메운 수많은 팬들은 그 한 문장을 온 마음으로 외치고 있었다. 그리고 앞으로도 영원히 우리는 이병규라는 이름을 띤 용기를 가지고 살게 될 것이다. 이병규가 만들어낸 모든 순간들을 생각하면, 그의 이름은 언제나 '사랑할 수밖에 없는 이름'이다.

고난과 역경을 야구로 배웠어요

 재즈 카페를 운영하던 무라카미 하루키는 프로야구 개막전을 관람하다가 문득 소설을 써야겠다고 다짐한다. 도쿄 메이지진구 구장을 홈으로 사용하는 야쿠르트스왈로스의 데이브 힐튼이 2루타를 쳐낸 바로 그 순간에 말이다. 그리고 그해 야구장 외야석에서 반년 동안 쓴 소설이 바로 그의 데뷔작인 《바람의 노래를 들어라》다. 도쿄에는 터줏대감 인기 팀인 요미우리자이언츠가 있었기에, 야쿠르트스왈로스는 인기 팀도 아니었으며 통산 승률이 5할이 채 되지 않기에 절대적 강팀도 아니었다. 그 덕에 메이지진구 구장의 외야 좌석은 늘상 여유로웠다고 한다. 그는 바로 그곳에서 경쾌한 타격음과 간간히 들려오는 응원 소리, 불어

오는 바람을 벗 삼아 소설을 쓴 것이다.

그런 하루키는 〈야쿠르트스왈로스에 대해〉라는 산문을 쓰기도 했는데, 꽤나 웃기고 슬픈 글이다. 어쩐지 공감되는 한 장면도 등장한다. 어느 화창한 오후, 하루키는 한 여자와 한산한 메이지진구 구장의 외야석에서 데이트를 즐기고 있었다. 문제의 '그 사건'은 상대팀 요미우리자이언츠의 타자가 평범한 플라이* 타구를 날린 순간 벌어졌다. 바람도 잔잔했고 태양빛도 눈부시지 않은, 야구를 하기에 최적의 오후였건만 야쿠르트스왈로스의 우익수가 허둥지둥하더니 결국 공을 놓치고 만 것이다. 그 장면을 보고 있던 여자가 조금 난처한 표정으로 하루키에게 물었다고 한다.

"얘. 네가 응원하고 있는 팀이 바로 이 팀이니?"
"음, 그래."
"다른 팀을 응원하는 게 낫지 않겠어?"

나는 이 장면을 읽으면서 소리내어 웃었고, 웃다가 생각해보니 웃을 때가 아닌 것 같아서 이내 웃음을 그쳤다. 그 당시 LG 트윈스는 5연패 중이었다.

하루키는 그 여자의 애정 어린 충고에도 불구하고 변함없이 야쿠르트스왈로스의 팬으로 남았다. 오히려 한 해 한 해 나이를 먹을수록 팀에 대한 정이 더욱 깊어져 갔다고 고백한다. 그리고 야쿠르트스왈로스를 응원하면서 '패배에 대한 관대함'까지 배우게 되었다고.

사실 패배에 대한 관대함은 굳이 애써 배울 필요는 없는 감정이지만, 작가에게는 귀한 자산이 되기도 한다. 대학 시절, 소설 창작 수업 때마다 교수님이 힘주어 한 말씀이 있다.

"너희의 소설은 너무 안락해. 주인공이 겪는 고난과 역경이 너무나도 얕아."

그리고 우리에게 물었다. 살면서 가장 힘든 일이 뭐였냐고. 우리는 대답을 머뭇거렸다. 대학생이 힘든 일을 겪어 봤자, 뭐 입시 정도 아니겠나요.

교수님은 우리의 표정을 읽더니 말을 이어나갔다. 정 힘든 일이 없으면, 지금 만나는 남자친구와 헤어지기라도 해보라고. 작은 고민 하나도 쉽게 결정하지 말고 치열하게 내면의 싸움이라도 해보라고. 비가 세차게 내리는 날 우산 없이 걸어보기라도 하라고. 너무 편안한 삶은 깊은 울림이 있는 이야기를 만들어내지 못한다는 게 이유였다.

"불편을 알아야 소설이 나온다. 남들은 아무렇지 않게 당연하다고 여기는 것을 불편하게 느끼고, 누구나 피하고 싶은 힘든 일을 겪어야 좋은 글이 나오는 법이야. 그래서 글이 가장 잘 써지는 곳은 유배지나 감옥이라는 말도 있잖아?"

교수님의 말씀에 수업은 웃음바다가 됐다. 나는 속으로 생각했다. 그런데 교수님, 제가 소설을 잘 쓰겠다고 누군가를 패서 감옥에 갈 수는 없는 노릇이잖아요. 어떡하죠?

그렇게 소설 창작 수업의 합평이 끝났고, 나는 여느 때처럼 야구장으로 향했다. 그건 마치 관성과 같았다. NC 다이노스와의 경기였고, 1회부터 조시벨의 3루타로 임재철과 정성훈이 홈을 밟았다. 이후 이진영의 안타로 조시벨까지 홈을 밟았는데, 문제는 우리의 선발투수였던 김선우도 1회부터 3점을 내주며 탈탈 털린 거였다.

그렇게 경기는 타격전이 되었다. 8 대 3까지 기울었던 경기를 꾸역꾸역 따라잡아 9 대 9로 만들며 균형을 맞췄고, 또다시 11 대 11이 됐다. 그리고 9회 초, 모창민이 정현욱을 상대로 받아친 공이 좌익수 뒤로 넘어가 홈런이 됐다. 결국 열심히 따라잡아서 동점까지 만들었다가, 허무하게 진 것이다.

다음 날에도 전날의 패배를 잊은 사람마냥 야구장에 갔다가 10 대 1로 처참하게 지는 경기를 보고 왔고, 그다음 날에도 야구장에 갔다가 12회 연장전 끝에 이호준에게 역전타*를 허용하고 스윕패*를 당하는 참사를 마주했다. 그때 생각했다. 인간은 망각의 동물임에 틀림없구나. 왜냐하면 내가 살아 있는 증거였기 때문이다. 망각의 동물 그 자체.

불행 중 다행인 게, LG 트윈스는 월요일 무패 행진을 이어가고 있었다. 월요일은 야구가 없는 날이니까. 지지 않는 월요일은 스윕패와 4연패를 망각하기에 충분한 시간이었다. 그래서 화요일에 또 야구장에 갔다. 마침 화요일이 공강이기도 했고. 그날은 11회까지 가는 연장전 끝에 김민성에게 역전타를 허용하고 패배했다. 나흘이나 야구장에 갔는데 연장전 패배를 본 게 2번, 9점 차로 대패한 게 1번, 추격만 하다가 결국 진 게 1번. 가슴이 부글부글 끓다가, 눈물나게 아쉽다가, 어이가 없어서 웃음만 나오기도 했다.

야구장에서 나와 집으로 걸어가며 생각했다. 교수님이 말씀한 고난과 역경이 바로 이런 게 아닐까. 이길 거 같은 경기를 못 이기고, 질 거 같은 경기는 지고. 주여, 아니 어머니여. 엄마는 왜 LG 트윈스를 좋아해서 나에게 이런 시련을 물려줬나요. 나는 그렇게 하루키처럼 '패배에 대한 관대함'을 배워갔다.

결국 그해 봄, 감독은 팀을 떠났다. 미친 팀이라고 욕은 해도 차마 팀을 버리진 못하는 팬들만 덩그러니 남았다. 작년에 겨우 암흑기에서 벗어나나 했는데 다시 어두운 곳에 버려진 헨젤과 그레텔의 기분이었다.

이어 양상문 감독이 취임했고, LG 트윈스도 정상 영업을 하기 시작했다. 슬슬 이기는 법을 알아가는 듯했고 승률도 미세하게 오르고 있었다. 그리고 5월 28일 수요일, 야구를 보고 싶다는 친구를 데리고 잠실 야구장에 갔다. 마침 전날 LG 트윈스가 승리를 거뒀기에 더욱 의기양양했다. 날씨도 좋았고, 5회 말에 3점을 내며 역전도 했다. 친구도 이런저런 응원가를 따라 부르며 꽤 신나 보였다.

"오, 무적 LG 최경철, 최경철!"

"안타 날려라, LG 정성훈, 안타 날려라, LG 정성훈!"

"정의윤, LG 정의윤!"

그렇게 순조롭게 이기나 했다. 8회에 이동현이 나와 박한이와 채태인을 아웃시킬 때까지는. 그런데 2사까지 잘 잡은 투수를 내리더니, 마무리인 봉중근을 올리는 게 아닌가. 경기장에는 사이렌 소리가 울렸다. 이 사이렌이 나를 향해 울리는 비상벨인

줄, 그때는 몰랐다.

봉중근은 최형우에게 2루타를 맞고 박석민에게 풀 카운트 끝에 볼넷을 허용했다. 다음 타자는 이승엽이었다. 야구장에 처음 온 친구는 전광판에 나오는 낯익은 이름에 "나, 저 사람 알아!"라고 반갑게 소리를 쳤다. 이승엽은 풀 카운트 싸움 끝에 낮은 공을 들어올리듯 쳐냈다. 그리고 그 공은 우익수 쪽 담장을 훌쩍 넘어갔다. 맞자마자 홈런임을 직감할 수밖에 없는 타구였다. 2 대 4가 순식간에 5 대 4가 되는 역전 스리 런이었다.

삼성 라이온즈 팬들의 환호와 우리 팀 팬들의 탄식이 뒤섞여 야구장의 공기를 무겁게 채웠다. 삼성 라이온즈의 타선은 9회에도 집중력을 발휘해 2점을 추가로 냈고 경기는 7 대 4로 끝이 났다. 뭔가 다 이긴 경기를 진 것 같았다. 달콤한 사탕을 손에 쥐었다가 빼앗긴 기분이 들었다.

친구는 경기장을 나오며 조심스레 물었다.

"원래 이렇게 경기가 쉽게 뒤집히기도 하는 거야? LG는 어렵게 점수를 냈잖아."

"음, 그러게."

나는 끝도 없이 날아가는 듯한 이승엽의 아득한 타구를 생각하며 대답했다. 인정하기 싫었지만 아름다운 포물선이긴 했다.

"매번 지는 게 싫으면 다른 팀을 좋아하는 건 어때? 예를 들어 삼성 라이온즈라든지."

이승엽이 몇백 번의 홈런을 더 때려낸다 해도 좋아하는 팀을 바꾸는 건 불가능하다는 말은 굳이 하지 않고 애써 삼켰다. 등 뒤에서는 아직도 삼성 라이온즈 팬들이 이승엽의 응원가를 부르는 소리가 울려 퍼지고 있었다.

'다른 팀을 좋아하는 건 어때?'

친구의 그 말이 하루키가 들었던 말과 어쩌면 그렇게 똑같았을까. 곱씹어보다가 순간 웃음이 피식 새어 나왔다. 야구장에 처음 온 친구도 쉽게 깨닫는 진리를, 나는 왜 그렇게 오래도록 깨닫지 못하는 걸까.

그날 집으로 돌아가는 길은 여느 때보다 길게 느껴졌다. 탄천 다리를 건너며 생각했다. 분명히 이길 수 있는 경기였는데, 왜 감독은 2사까지 잘 막던 투수를 굳이 내리고 마무리를 8회부터 올렸을까. 그가 마운드에 오르는 순간 울렸던 사이렌 소리는 정말로 내가 타고 있던 희망의 배에서 울린 침몰의 경고음이었다. 그날, 나는 작은 나뭇조각 하나 잡지 못하고 깊은 바닷속으로 빨려 들어가는 듯한 패배감을 느꼈다. 교수님, 인생의 고난과 역경은 먼 곳에 있는 게 아니었어요. 감옥까지 갈 필요도 없더라고요. 제가 응원하는 야구 팀이 이미 충분히 제공하고 있거든요.

야구 팬으로 산다는 건, 아니 그 당시 LG 트윈스 팬으로 살아간다는 건, 극적인 삶 그 자체였다. 믿기지 않을 정도로 황홀한 순간이 찾아왔다가도, 절벽 끝으로 가차 없이 밀려 떨어지곤 했기 때문이다. 그렇게 나는 인생에서 중요한 교훈들을 차곡차곡 배웠다.

그 교훈들의 대부분은 쓰디쓴 패배를 통해서였다. 승리가 눈앞에서 허무하게 사라질 때마다, 희망은 가장 잔인한 단어라는 것을 배웠다. 이길 것 같은 기분으로 행복해할수록 패배는 더욱 차갑게 다가왔고, 기대를 크게 할수록 추락은 깊고 아팠다. 하지만 다음 날이 되면 어느새 나는 아무 일 없었다는 듯 또 야구장으로 발걸음을 옮기고 있었다. 내가 미쳤다고 자조하면서도 매일같이 반복되는 그 희망과 절망의 사이클 속에 기꺼이 몸을 맡겼다.

사람들은 가끔 내게 묻곤 했다. 그렇게 자주 지는 팀을 왜 좋아하냐고. 왜 더 강한 팀을 응원하지 않느냐고. 그건 바로 LG 트윈스의 야구가 내게 삶의 진리를 가르쳐줬기 때문이다. 삶은 내가 원하는 대로 흘러가지 않는다는 것, 모든 기대가 이뤄지지 않을 수도 있다는 것, 그리고 지더라도 내일은 또 찾아온다는 그 단순한 진리들 말이다. 그건 학교에서 알려주는 것도 아니고, 순전히 직접 경험하고 배워야 하는 것들이었다.

LG 트윈스를 좋아하며 야구를 보지 않았다면, 나는 인생에서 이렇게 많은 패배를 경험하지 못했을 것이다. 설령 경험했더라도 그것을 견디고 다시 일어나는 법은 몰랐을 것이다. 나는 야구장에서, 그 혹독한 삶의 축소판에서 좌절을 딛고 다시 일어서는 법을 수도 없이 반복해서 연습했다.

어느 날에는 두산과의 경기를 봤다. 그 경기는 5회 초까지 7 대 1로 앞서 있었다. 팬들은 승리를 확신한 채 두산전 연패를 끊는다며 축제 분위기였다. 나도 간만에 시원한 승리를 기대하며 응원가 메들리를 마음껏 즐기고 있었다. 그러나 야구의 신은 늘 그렇듯 잔인한 유머 감각을 가지고 있었다. 최주환에게 스리 런, 양의지에게 투 런을 맞더니, 결국 6점 차를 지키지 못하고 승리를 내주고 만 것이다.

그날의 절망은 특별히 더 깊고 쓰라렸다. 야구장을 빠져나오며 내 안에 있던 모든 희망과 기대가 모래성처럼 무너지는 것을 느꼈다. 그러나 며칠 후, 나는 또다시 야구장에 가 있었다.

하루키가 야쿠르트스왈로즈를 떠나지 않았듯, 나도 LG 트윈스를 떠날 수 없었다. 가능한 한 쉬운 길을 선택하라고 충고하는 사람들도 있지만, 알다시피 마음은 그리 쉽게 움직이지 못한다. 하루키가 메이지진구 구장의 외야석에서 패배에 관대해지는 법을 배우며 소설을 썼듯, 나도 잠실 야구장의 블루석에서 삶의 진짜 모습을 배웠던 것이다. 만약 하루키가 야쿠르트스왈로즈가 아닌 요미우리자이언츠를 응원했다면 어땠을까. 그가 응원하는 팀이 자주 이겼다면, 그는 아마 소설을 쓰지 않았을지도 모른다. 여전히 평범한 재즈 카페의 사장으로 남았을지도 모르는 일이다.

생각해보면, 교수님이 강조했던 고난과 역경은 별게 아니었다. 감옥이나 유배지가 아니라 단지 야구장을 찾는 것만으로도 충분했던 것이다. 나는 삶에서 쉬이 겪기 힘든 극적인 고통과 희열을 야구장에서 매일같이 경험했고, 그렇게 글을 쓰기 위한 마음의 근육이 단련됐다. 하루키만큼은 아니지만, 그래도 내가 에디터로서 글을 쓰며 먹고살 수 있었던 이유도 야구에서 찾을 수 있겠다. 희로애락의 감정을 야구에서 모두 배웠으니.

야쿠르트스왈로즈는 구단 창설 29년 만에 처음 우승을 했다. 무라카미 하루키가 29세가 되는 해였다. LG 트윈스도 29년 만에 우승을 했다. 야쿠르트스왈로즈나 LG 트윈스나 무척이나 오랜 시간이 걸린 것이다. 우승이라는 순간을 보기 위해.

그동안 수도 없이 졌지만 우리는 그 패배 속에서 관대함과 인내심을 배웠고, 집요한 열정까지 얻었다. 물론 이제 LG 트윈스는 지는 날보다 이기는 날이 더 익숙한 강팀이 됐지만, 가끔 처참하게 질 때마다 이런 생각을 하곤 한다. 그래, 여기는 일종의 감옥인 거야. LG 트윈스를 사랑한 죄로, 야구장이라는 감옥에서, 유니폼이란 죄수복을 입고…. 교수님이 그랬잖아. 고난과 역경이 있어야 글도 잘 써지는 법이라고. 지금 난 고난과 역경 체험을 하고 있는 거야. 이렇게 주문을 외워본다. 고난과 역경을 야구로 배웠어요.

작은 토마토가 달다
카프레제

매년 봄이 되면, 나는 오매불망 누군가의 컴백을 간절히 기다린다. 1군 아이돌처럼 1년에 단 2주만 활동하고 들어가는 그의 이름은 바로 천명우. 나이는 올해로 환갑을 훌쩍 넘기셨을 것이고, 본거지는 전라남도 장성, 직업은 토마토를 재배하는 농부. 젊은 시절에 현대중공업에서 근무하다가 귀농했다고 한다. 천명우의 스토커는 아니고, 열렬한 팬이라고 해두자. 각종 기사들을 통해 여기까지 알아낸 건 순전히 팬심의 발로다.

내가 진심으로 건강을 바라는 중년 남성이 딱 3명 있는데, 첫 번째는 우리 아빠고 두 번째는 염경엽 감독이고 세 번째는 천명우 선생님이다. 우리 아빠는 나를 키우셨고, 염경엽 감독은 LG

트윈스를 우승 팀으로 키우셨으며, 천명우 선생님은 토마토를 키우셨다. 이름하여, 천명우 토마토. 토마토 앞에 자신의 이름을 당당하게 붙이다니. 이름을 내건 집은 뭐든 믿고 먹어도 되지 않던가.

사실 나는 원래 토마토를 썩 좋아하지 않았다. 마트에서 흔히 구할 수 있는 빨갛고 통통한 토마토는 보기엔 탐스럽지만 막상 입에 넣으면 흐물흐물하고 밍밍한 물 맛만 나기 일쑤였다. 그런데 천명우 토마토는 그런 애매함이 없었다. 보기엔 일반 토마토보다 조금 작았지만, 그 작은 몸 안에는 놀랍도록 선명한 맛이 숨어 있었다. 입안에 넣고 톡 깨물면 새콤달콤한 즙이 탱글한 과육 사이로 팡 하고 터져나왔다.

과즙은 풍부했고 껍질은 얇지만 단단했으며, 알알이 찬 과육은 입안에서 쫀득하고 아삭하게 씹혔다. 너무 달지도 않았고 너무 시지도 않았다. 절묘하게 어우러지는 단맛과 산미가 완벽한 비율로 균형 잡혀 있었다. 그저 달기만 한 토마토는 한 입 먹고 나면 질려버리고, 너무 시기만 한 토마토는 얼굴을 찌푸리게 하는데, 천명우 토마토는 그 사이를 오차 없이 정확히 관통하는 맛이다. 입안에서 춤추듯 상큼하게 퍼지는 단맛과 신맛에 가끔은 짭조름한 뒷맛까지 느껴진다. 이게 진짜 토마토라고 생각했다.

내가 하도 천명우 토마토, 천명우 토마토 하니까 친구들은 우스갯소리로 천명우의 숨겨진 딸이 아니냐(저는 천 씨가 아닌걸요), 천명우 토마토와 어떤 커넥션이 있는 거 아니냐(있으면 좋겠습니다), 천명우 토마토 유료 광고 아니냐(제가 직접 제 돈으로 몇십 통씩 사서 광고하고 있습니다) 할 정도다. 아무튼, 이렇게 호들갑을 떨 만큼 맛있다.

알고 보니 천명우 선생님은 30년이 넘는 시간 동안 매일같이 토마토를 위해 살아왔단다. 좋은 토마토를 재배하기 위해 끊임없이 흙을 만지고 토양을 가꿨다고. 하루의 대부분을 밭에서 보내며, 마치 자신의 자식처럼 토마토를 돌보고 관찰했다고 한다. 매일 토마토가 어떻게 자라는지 일지를 썼고, 그 기록은 무려 31년이나 쌓였다.

천명우 선생님은 "진정한 농부는 밭을 탓하지 않는다"고 말한다. 결국 좋은 토마토를 만드는 비결은 그저 끝없는 '노력'이라고. 이 얼마나 겸손하면서도 무게감 있는 한마디인가. 그의 아내는 이런 말을 덧붙이기도 했다. "우리는 토마토를 키우기 위해 사는 사람들이에요. 토마토를 진심으로 사랑하는 사람들이죠." 이 두 사람의 지면 인터뷰를 읽었을 때, 나는 깊은 감동을 느꼈다. 무언가를 사랑하면 사람은 그걸 중심으로 살게 된다. 온 마음을 바쳐 최선을 다하게 된다. 그런 진심과 노력이 깃든 토마토가 맛있지 않을 수는 없었다.

천명우 토마토를 가장 맛있게 먹는 방법이 있다. 우선 잘 익은 토마토를 흐르는 물에 깨끗이 씻는다. 토마토를 자를 땐 너무 잘게 썰지 말고, 한 입 크기로 툭툭 썰어 그릇에 담는다. 모짜렐라 치즈는 조금 투박하게 썰어 토마토 위에 얹는다. 거기에 신선한 올리브유를 아낌없이 뿌려 낸다.

참고로 나는 요리용 올리브유와 이렇게 생으로 먹는 올리브유는 따로 두고 쓴다. 가열하는 요리용은 2만 원 안팎의 다소 저렴한 걸 사용하고, 생으로 먹는 올리브유는 돈을 조금 더 지불하더라도 연둣빛을 띠는 향긋한 제품을 쓰는 편이다(지금 애용하는 올리브유는 방콕 포시즌스 호텔에서 맛보고 너무 맛있어서 1통에 7만 원씩 주고 2통이나 사온 것인데, 거의 다 먹어가서 다시 방콕에 가야 할 판이다).

마지막으로 진한 갈색의 발사믹 소스를 골고루 뿌린다. 포크로 토마토와 모짜렐라 치즈를 함께 찍어 입에 넣는 순간, 잘 숙성된 토마토의 새콤달콤함이 고소한 치즈의 담백함과 함께 입안에서 녹아든다. 2가지 재료가 주고받는 맛의 조화는 섬세하면서도 대담해서 한 입 먹고 나면 포크를 멈출 수가 없다. 마지막엔 그릇 바닥에 남은 올리브유와 토마토즙, 발사믹 소스를 숟가락으로 퍼서 남김없이 먹는다. 이게 가장 맛있는 엑기스이자 별미다.

이 작지만 알차고, 맛있는 토마토를 먹을 때마다 자꾸 생각나는 선수가 하나 있다. LG 트윈스의 외야수 문성주다. 문성주는 170cm 초반의 작은 키에 흔히 말하는 야구 선수의 이상적인 체격과 거리가 멀다. 그래서 고교 시절엔 드래프트 지명도 받지 못했고, 대학 진학 후 어렵게 10라운드 97순위라는 끝자락에서 줄무늬 유니폼을 입을 수 있었다. 그의 뒤에는 선수가 고작 3명 있었을 정도로 지명 순번*이 초라했다. 지명 순번만 보면, 그 누구도 문성주가 빡빡한 LG 트윈스의 외야 한 자리를 맡게 될 것이라 예상하지 못했을 것이다. 누가 봐도 화려한 스타와는 거리가 먼, 작고 평범한 선수였다.

하지만 문성주는 제대 후 조금씩 두각을 나타내기 시작했다. 특히 2021년 준플레이오프 2차전에서 3타점을 기록하며 팬들에게 자신의 이름을 각인했다. 그럼에도 2022년 개막전 엔트리*에

선 제외됐고, 많은 기대를 모았던 우타 거포* 외야 유망주들이 부진에 빠지자 다시금 기회를 받았다. 그리고 문성주는 찾아온 기회를 결코 놓치지 않았다. 2022년 4월, 뜨거운 1달을 보내고 마지막 날에 이르렀을 때 그의 타율은 무려 4할3푼이었다. 그리고 지금은 LG 트윈스의 외야에 없어선 안 될 주전 외야수가 됐다.

생각해보면 문성주가 지금의 위치까지 오른 건 단지 운이 좋아서만이 아니다. 우리는 어떤 성공을 볼 때 그 뒤에 숨어 있는 수많은 실패와 노력의 시간을 간과하곤 한다. 맛있는 토마토 1알을 먹으면서도, 한 농부가 흙과 씨앗과 햇빛, 비바람과 보낸 억겁의 시간은 잘 모르는 것처럼.

문성주가 매 경기 타석에 들어설 때 보여주는 집중력과 안정감 있는 타격 또한 그냥 생겨난 게 아닐 것이다. 그가 야구를 대하는 태도는 천명우 선생님이 토마토를 키우는 마음과 너무나 닮아 있다. 천명우 선생님이 31년 동안 매일같이 토마토의 생장일지를 쓰며 매 순간 자신의 온 마음을 쏟았던 것처럼, 문성주 역시 매일 연습장을 지키며 자신의 타격을 가다듬고 또 가다듬었을 것이다.

타격 연습장의 마지막 불을 끄고 나오는 사람은 언제나 문성주였다고 한다. 팀에서 노력의 대명사로 통하는 김현수조차도 그의 독기 어린 성실함에는 혀를 내둘렀다.

문성주가 자신이 한 건 그저 노력밖에 없다고 겸손하게 말했을 때, 나는 그 말을 단지 겸손으로만 듣지 않았다. 그것은 그가 야구라는 씨앗 하나를 땅에 묻고 싹을 틔우기까지 겪어야 했던 모든 인내와 고통을 압축한 한마디였을 것이다. 그 노력의 무게가 결코 가볍지 않다는 걸, 우리 모두가 안다. 흔히 우리는 체격이 좋으며 타고난 재능이 넘치는 선수에게 쉽게 시선을 빼앗기곤 한다. 하지만 작은 몸으로도 커다란 꿈을 키워내는 선수들도 있다.

천명우 토마토가 다른 토마토보다 작지만 단단하고 알찬 맛으로 사람들에게 사랑을 받듯, 문성주도 작고 평범한 겉모습 뒤에 단단하고 묵직한 노력과 달콤한 결과를 품고 있다. 화려한 홈런 타자는 아니지만, 가장 필요할 때 달콤한 안타를 때려내고 팀에 소중한 승리를 선물하는 그런 선수다. 우리가 문성주를 사랑하는 이유도 결국 거기에 있다. 그는 야구를 진심으로 사랑하며 사는 사람이고, 야구를 잘하기 위해 자신의 모든 것을 걸고 노력하는 사람이다. 그렇게 진심을 다한 노력은 결국 달콤한 열매를 맺는다.

작지만 단단하게 익은 천명우 토마토가 입안에서 새콤달콤하게 터질 때마다, 문성주라는 이름도 그렇게 떠오른다. 누군가는 작다고, 화려한 플레이를 하는 선수가 아니라고 평가절하할지는 몰라도 결국 중요한 건 눈에 보이는 크기나 겉모습이 아니다. 그 안에 품고 있는 성실함과 노력이다. 그리고 그 노력의 맛이 얼마나 달콤한지를 우리는 이제 안다.

토마토든 야구든, 진심을 다해 뭔가를 키우는 사람은 아름답다. 그런 진심의 결과물을 맛볼 수 있는 우리는, 매년 봄이 더욱 기다려질 수밖에 없다.

스포일러 애호가
달래와 참나물

누군가는 스포일러를 극도로 싫어하지만, 사실 난 스포일러를 꽤나 좋아한다. "스포 주의"라는 말은 나에게 경고문이 아니다. 일부러 그것부터 찾아본다. 결말을 미리 알고, 복선을 추적하는 것이 더 흥미롭기 때문이다. 대체 저 주인공이 뭔 짓을 했길래 죽었지? 설마 쟤한테? 혹시 배신당한 건가? 이런 생각을 하면서 등장인물들의 행동에 더욱 몰입할 수 있다. 모든 결말을 알고 있다는 전지전능한 시점에서 보는 사건들이 얼마나 재밌고 짜릿한지.

그래서 〈오이디푸스 왕〉같이 처음부터 결말이 밝혀지는 구조의 이야기도 좋아한다. 대체 무슨 일 때문에 오이디푸스가 제 아버지를 살해하는 거지? 그의 행방을 따라가는 것은 마치 퍼즐을 맞추는 듯한 희열을 준다. 우리는 퍼즐을 다 맞추면 어떤 그림이 나올 줄 알면서도 성심껏 빈칸을 찾아 한 조각씩 끼워낸다.

영화 〈해리 포터〉 시리즈도 그랬다. 나는 이미 스네이프가 해리의 편이라는 걸 알고 본 사람이다. 그래서 오히려 스네이프의 사소한 눈빛 하나를 유심히 살필 수 있었고, 말 한마디에 담겨 있는 의미와 해리에 대한 애정의 기미를 찾으면서 볼 수 있었다.

〈더 퍼스트 슬램덩크〉도 마찬가지였다. 북산고가 무패 신화의 산왕공고를 이긴다는 결말을 알고 있었다. 그래서 20점 차에서도 오히려 냉정히 경기에 집중할 수 있었다. '이제부터는 3점 슛이 좀 나와야 가능성이 있을 것 같은데?' 하는 생각이 들면 그때부터 정대만이 보란 듯이 3점 슛을 연달아 성공했다. 마치 신의 사랑이라도 받은 남자 같았다. 강백호의 마지막 슛이 림을 통과하는 순간, 놀라기보다는 처음으로 패배를 직면한 산왕공고 선수들의 표정을 유심히 읽어낼 수 있었다. 그러니까, 스포일러는 핵심이 아닌 주변을 보게 하는 눈을 준다. 나는 그 시시콜콜한 낌새들을 좋아한다.

야구도 마찬가지다. 솔직히 말하면 난 결과를 알고 보는 야구를 더 좋아한다. 결과를 알고 스포츠를 보면 뭐가 재밌냐고 할 수도 있겠지만, 진짜 재밌다. 결과를 알면 만루에서 적시타*를 맞기 전에 임찬규와 박동원이 어떤 사인을 주고 받았는지, 문보경이 2사에서 역전 홈런을 치기 전에 어떤 공들을 흘려 보냈는지가 보인다. 분명 실시간으로 볼 때는 긴장돼서 보이지 않던 것들이었다. 하지만 아이러니하게도 매일 저녁 6시 30분만 되면 자동으로 TV 앞에 앉게 돼서 그 재미를 느낄 새가 없긴 하다. 저녁 시간의 적적함을 달래주기엔 야구만 한 게 없기 때문이다.

물론 예전에 한번은 야구를 보다가 창밖에서 엄청난 환호가 터져서 대타로 이병규가 나온다는 사실을 '스포'당하긴 했다. 설레는 마음을 주체하지 못하고, 설거지를 하는 엄마에게 달려가서 "엄마! 이병규, 대타로 나오나 봐! 빨리 와"라고 소리쳤다. 몇 초 뒤, TV 화면에 이병규가 성큼성큼 걸어나오는 모습이 중계됐다. 그 스포일러 덕분에 나와 엄마는 마음의 준비를 하고 이병규의 타석을 집중해서 볼 수 있었다. 그날 대타 이병규의 응원 소리는 우리 집을 넘어 코엑스까지 들렸다고. 아주 우렁찬 스포일러였다.

스포일러는 실생활에서도 예고 없이 찾아오곤 한다. 어느 날 마트에서 한참 수박을 고르고 있던 내게 어떤 아주머니가 다가

와 말했다.

"뒤집어 봐요. 배꼽이 작은 수박이 단 거예요."

아주머니의 말씀대로 수박을 뒤집어 보니, 수박은 저마다 크고 작은 배꼽들을 가지고 있었다. 나는 그중에 가장 배꼽이 작은 수박을 하나 사서 집으로 돌아왔다. 그리고 바로 잘라 먹은 그 수박은 믿기지 않을 만큼 달고 아삭했다. 씹을 때마다 터지는 과육의 물기, 입천장을 간질이는 시원함. 스포일러를 당했지만, 예상을 했어도 놀라운 단맛이었다.

생각해보면 엄마도 내게 스포일러를 종종 하곤 했다. 사실 나는 크면서 엄마의 얼굴을 닮아가서, 엄마라는 존재 자체가 내 인생의 스포일러인 셈이기도 하다. 아무튼 엄마는 장을 보면서 달래는 뿌리가 윤기 나고 단단한 것이 맛있고, 참나물은 줄기가 얇은 편이 향긋하다고 스포일러를 해줬다. 그렇게 고른 달래와 참나물은 정말 맛있었다.

그래서 봄이 되면 마트에 가서 달래와 참나물을 사 온다. 새벽 배송도 좋지만, 봄나물만큼은 꼭 직접 보고 사는 편이다. 엄마가 해준 맛의 스포일러를 적극 활용하고자 함이다. 그렇게 고른 달래로는 달래장을 만든다. 손질한 달래를 잘게 썰 때, 뿌리 부분은 칼등으로 쳐서 가볍게 으깨준다. 그 위에 진간장을 붓고, 다진 마늘과 고운 고춧가루를 1큰술씩 넣는다. 여기에 매실액을 반 큰술 넣으면 단맛을 확 끌어올릴 수 있다. 마지막으로 참기름과 통깨를 두른다. 이른 봄의 향이 그릇 위에서 반짝인다. 그걸 갓 지은 밥에 얹어서, 구운 김에 싸서 먹는다. 밥알 사이로 스며든 달래장의 향, 짭짤한 맛 사이에서 톡톡 터지는 알싸함, 입안에 가득 퍼지는 봄 내음과 구운 김의 결이 조화롭게 어우러진다.

반찬으로는 차돌박이 참나물무침을 만든다. 연둣빛이 도는 참나물을 찬물에 헹구고, 물기를 털어낸다. 간장과 식초, 맛술, 매실액을 넣고 조물조물 무친다. 그리고 그 위에 살짝 구운 차돌박이를 얹는다. 향긋한 참나물무침과 고소한 기름을 가득 머금은 차돌박이가 제법 잘 어울린다.

그렇게 나는 봄의 낌새를 나물들로 포착한다. 손끝으로 느껴지는 참나물의 결, 달래의 뿌리에 맺힌 윤기, 그 풀 내음 속에서 봄이 온다는 신호를 감지한다. 그 맛을 이미 알고 있기에 더욱 설레는 마음이다. 마트에서 봄나물을 마주했을 땐, 마치 결말을 아는 이야기의 첫 장을 다시 펼치는 기분이 든다.

나에게 있어 가장 간절히 봄을 기다렸던 해는, 2022년의 겨울이었다. 그해 LG 트윈스는 정규 시즌을 2위로 마무리했지만, 플레이오프에서 키움 히어로즈에 업셋*을 당하고 주저앉았다. 이정용의 백투백 피홈런과 문보경의 치명적인 번트 실패는 스포일러 없이 찾아왔기에 더욱 충격적이었다.

그날 이후 모든 뉴스와 중계를 멀리하고, 포털 사이트의 스포츠 탭조차 누르지 못했다. 무관 기운이니 뭐니, LG 트윈스에 대한 조롱을 보는 것이 너무 힘들었기 때문이다. 한국 시리즈가 끝날 때까지 SNS 접속도 하지 않았다. 한국 시리즈 중계를 보지 않은 건 당연한 일이었다. 그해 겨울은 너무나도 길고 차가웠다. 이러다 영영 봄이 오지 않을 것만 같았다.

그런데 계절은 어김없이 돌아왔다. 봄이라는 이름으로. 마트 진열대에 봄나물이 조금씩 모습을 드러냈고, 달래의 뿌리를 조심스럽게 살피는 내 손끝에 따뜻함이 닿았다. 누군가 봄이 올 거라고 미리 귀띔해준 것처럼 나는 다시 장바구니를 들었고, 달래장을 만들었으며, 야구 개막일을 달력에 체크했다.

달래를 썰면서 문득 그런 생각을 했다. 계절은 언제나 가장 확실한 스포일러라고. 아무리 혹독한 겨울이라도 결국 봄이 온다는 사실, 그 명확한 스포일러 하나로 우리는 겨울을 견딘다. 아무리 우리의 야구가 비참하게 끝났더라도, 다음 해 봄이 되면 완전히 새로운 야구가 처음부터 시작된다는 스포일러.

이처럼 봄은 매번 똑같은 방식으로 우리를 위로한다. 달래장처럼 알싸하고, 참나물처럼 향긋하게. 한 번도 약속한 적은 없지만, 언제나 제자리에 찾아오는 계절. 그 봄이 야구 개막과 겹칠 때, 그제야 마음이 완전히 풀린다. 다시 뜨거워질 수 있다는 것, 다시 좋아할 수 있다는 것, 다시 실망하고 기대할 수 있다는 것. 그 모든 것은 이미 스포일러가 된 내용이지만 그래도 무척이나 반갑다.

개막전의 라인업이 발표되고, 익숙한 이름들이 화면 위에 떠오른다. 그리고 첫 이닝, 타석에 서는 1번 타자의 뒷모습을 본다. 그의 헬멧 위로 햇살이 부서지고, 땅을 박차는 스텝과 배트 끝의 긴장감이 나른한 봄을 깨운다. 이 모든 장면은 사실 예고된 것이었다. 겨울이 깊어질수록 모두가 알고 있었던 봄의 도래.

결말을 알고도 마음이 두근거리는 이야기가 있다. 무슨 일이 있어도 찾아오는 봄과 달래, 그리고 개막. 그건, 가장 설레는 스포일러다.

이토록 아름다운 포기
수육

도전은 언제나 아름답다. 기록에 도전하는 선수의 땀방울은 값지고, 한계를 넘기 위한 집념은 찬란하다. 하지만, 우리는 때로 도전하지 않고 포기한 이에게 더 큰 박수갈채를 보낸다.

2024년 가을, 손주영은 생애 첫 10승을 앞두고 있었다. 선발투수에게 10승이란 타이틀은 무척이나 각별하다. 그것이 첫 번째라면 더욱더. 리그에서 손꼽히는 선발투수가 되기 위한 전제 조건이 '두 자릿수 승수'인 만큼, 10승은 결코 가벼운 숫자가 아니다. 그리고 그는 프로 데뷔 후 가장 완성도 있는 시즌을 보내고 있었으며, 착실하게 승수를 쌓아가고 있었다.

하지만 그는 마지막 등판을 포기했다. 팀의 순위가 확정된 상황에서 더 중요하고 치열한 경기를 준비하겠다는 것이 그 이유였다. 포스트시즌, 팀의 가을을 위해 그는 자신의 기록을 내려놨다. 야구는 철저한 기록의 스포츠지만, 10승에 도전하지 않았다. 숫자를 향한 도전이 아니라, 팀을 향한 포기를 선택했다.

그리고 준플레이오프에서 그 누구보다 빛나는 투구를 보여줬다. 그것도 스포트라이트를 받는 선발투수가 아닌, 롱 릴리프*로 나와 역투*를 했다. 10승을 포기했고, 선발투수를 포기했다. 하지만 팀을 더 멀리 보냈고, 자신의 야구도 더 단단해졌다. 도전은 언제나 아름답지만, 때로는 포기가 더 아름답다. 팀 스포츠에는 이토록 아름다운 포기도 있다.

타자의 경우 자신에게 주어진 타석에서 안타 치는 걸 포기할 때도 있다. 앞서 나가 있는 동료 주자를 한 베이스 더 나아가게 하기 위한 '희생 번트'가 그렇다. 희생 번트 하면, 나에게 가장 먼저 떠오르는 사람은 다름아닌 김현수다. 김현수는 프로 데뷔 후 희생 번트 기록이 단 2회에 불과한 타자다. 타석에서의 희생이 결코 어울리지 않는 이름값의 타자이기에 당연한 결과다. 아무래도 그의 별명은 '타격 기계'이기도 했으니까.

하지만 2023년 6월, 김현수는 희생 번트를 댔다. 접전의 8회 말, 앞서 출루한 동료를 2루로 보내기 위해 배트를 내린 것이다.

근래에 타격 컨디션이 좋지 않기는 했지만, 그래도 그는 김현수였다. 관중석의 모두가 놀라는 와중에 그의 희생 번트로 주자는 2루에 무사 안착했다. 무려 16년 만의 희생 번트였다. 결국 2루 주자가 득점을 하며 팀은 2 대 1로 승리했다. 결승 득점이었다.

그날 적시타와 결승타의 주인공은 오지환이었지만, 어쩐지 김현수의 희생 번트를 잊을 수가 없었다. 오지환은 인터뷰를 통해 말했다. 현수 형이 그 타석에서 어떤 마음으로 번트를 댔을지 아니까 기회를 꼭 살려야겠다 생각했다고. 김현수가 한 건 사실상 타격을 포기한 번트였지만, 그 포기와 희생은 경기를 바꿨고 선수들의 마음을 움직였으며 팀의 분위기를 끌어올렸다. LG 트윈스는 그날 이후로 4연승을 달렸다. 그건 기록지에는 남지 않지만, 우리들의 마음속에는 짙게 기억될 '팀워크'라는 거였다.

사실 나는 수육을 삶을 때, 그 포기와 희생을 떠올리곤 한다. 큼직하게 썬 대파와 양파, 마늘을 냄비 바닥에 넓게 펼쳐 넣는다. 하나하나 저마다 향이 뚜렷한 재료들이다. 대파는 시원하고, 마늘은 알싸하며, 양파는 은근한 단맛을 품고 있다. 그렇게 자기만의 개성을 가진 이들이 한 냄비 안에 모여든다. 그 위에 돼지고기 1덩이를 올린다. 쫄깃한 맛을 원한다면 앞다리 살, 부드러운 식감을 원한다면 삼겹살이다.

냄비에 물을 붓고 불을 올리면, 채소들이 하나둘 열에 누워 숨을 죽인다. 끓어오르는 불 위에서 그들은 서서히 제 모양을 잃는다. 파는 흐물흐물해지고, 양파는 단맛을 뱉으며 스스로를 녹여낸다. 마늘은 형태를 지우며 국물 속으로 스며든다. 그들은 냄비 안에서 제 향을 모두 내어주고, 가지고 있는 즙을 쥐어짠다. 잡내를 지우고 풍미를 더하며, 수육이 훨씬 더 깊고 부드러운 맛을 가지도록 자신을 헌신하는 존재들. 정작 접시에 오르는 건 고기뿐일지라도 그 안에 담긴 풍미와 온기는 분명 채소들의 몫이다. 결국, 수육 1접시는 그 모든 이들의 합작인 것이다.

야구 역시 그렇다. 기록되지 않는 포기와 보이지 않는 희생이 분명히 존재한다. 본인의 주요 직책이나 포지션을 포기하고 팀이 필요한 어느 곳에나 나가서 뛰는 선수, 더 큰 경기를 위해 자신의 기록을 포기하는 투수, 타격의 기회를 포기하고 희생 번트를 대는 타자. 이들은 모두 수육을 완성하기 위해 제 향을 묵묵히 내어주는 채소들처럼, 자신을 드러내지 않음으로써 팀을 더욱 강하게 만든다.

우리는 대개 포기를 부정적인 것이라 배운다. 도전의 반대말,

끝내 해내지 못한 자의 도피, 혹은 노력의 부재. 포기하는 사람은 '의지가 약한 사람'이라 하고, 포기라는 선택은 늘 부끄러운 퇴장처럼 여겨진다. 포기를 하는 순간 모든 것이 끝이라고 한다. 하지만 모든 포기가 끝은 아니다. 어떤 포기는 끝이 아니라, 다른 것을 지키기 위한 선택이기도 하다. 어떤 것을 놔줘야만 더 본질적인 것을 붙들 수 있는 순간들이 분명 존재한다. 또 어떤 포기는 오히려 시작이 되기도 하고, 끝내 뭔가를 더 크게 살려내기도 한다.

손주영은 자신의 기록을 포기함으로써 가을의 시작점에서 보다 강한 상태로 돌아올 수 있었으며, 김현수는 타격을 포기함으로써 팀의 분위기를 살려냈다. 그들이 내려놓은 것들 덕분에 우리는 더 멀리 나아갈 수 있었고, 그들의 조용한 포기 덕분에 우리는 더 뜨거워질 수 있었다. 포기는 실패의 다른 이름이 아니었다. 그들의 포기는 가장 단단한 책임감이었고, 무엇보다 깊은 애정이었다.

포기에도 온도가 있다면, 그런 포기들은 무척 따뜻할 것이다. 뒷자리에서 묵묵히 끓는 이들의 온기, 자기 자신을 천천히 녹이며 옆사람을 돋우는 이들의 결단. 나는 그런 포기 앞에서 더 오래 머물고 기억하고 싶다.

그래서 이제 나는 안다. 야구에는 개인보다 팀을 위하는 위대한 선택들이 있고, 스포트라이트가 없어도 박수를 받아야 할 순간들이 있으며, 기록에 남지 않아도 마음을 채우는 희생들이 있다는 걸. 그 모두는 결국, 누군가의 아름다운 포기로부터 시작된다.

3

야구에 만약은 없습니다
그게 이 스포츠의 매력이죠

특기는 사랑

나는 초등학생 때부터 '덕질'을 쉬지 않았다. 뭔가의 '덕후'로 살아온 날들이 그러지 않은 날보다 긴 셈이다. 내가 제일 잘하는 건 어떤 대상을 무척 사랑하는 일이다. 그러니까, 나의 특기는 사랑이다.

최초의 덕질은 동방신기였다. 평범한 사람의 계산법이 '5-1=4'라면 동방신기의 팬클럽인 카시오페아에게 '5-1=0'이었다. 5명 중 단 1명의 오빠도 빠져서는 안 됐다. "세륜세준, 사라져주세요. 당신은 삼두가 멋스런 영웅재중이 아니잖아요?" 대충 뭐 이런 글귀들을 퍼 나르고 다녔던 열혈 초딩이었다. 음악

방송에서 〈믿어요〉를 부르던 믹키유천이 눈물을 흘리는 걸 보고 함께 눈물을 흘렸던 감성 초딩이기도 했다. 사랑이 이렇게 아픈 거구나, 그때 처음 느꼈다.

'쥬니어네이버'에서 동방신기 오빠들을 주인공으로 소설도 썼다. 나는 그때부터 사랑하는 마음을 주체하지 못하면 글을 쓰곤 하는 아이였다. 물론 꿈속의 괴물도 이겨내 버린다던 그 오빠, 결국 자신이 괴물이 돼버리긴 했지만.

엠넷의 노예답게 서바이벌 프로그램에도 미쳐 살았다. 금요일 11시를 위해 일주일을 살았다. 〈픽 미〉부터 〈나야 나〉, 〈내꺼야〉, 〈_지마〉까지. 도파민이 끊임없이 제공됐다. 매주 아이디를 긁어모아 투표를 하고, 지하철 생일 광고 총대까지 도맡았다. 부모님 생신도 이렇게는 안 챙겼을 듯하다. 생방송 문자 투표 날에는 사회적 체면도 내려놓고 가족, 학교 동기, 회사 동료 들에게 투표 부탁을 했다. 나 얘 데뷔시켜야 해. 아, 진짜 진지해. 근데 막상 데뷔를 하면 희한하게 관심이 사라졌다.

방탄소년단도 빌보드 진출 전까지 좋아했고, 몬스타엑스도 참 오래 좋아했다. '드라마라마' 유기현을 어떻게 안 좋아하는데. 결혼도 안 했지만 이혼하고 싶은 남자 1위, 가정법원에서 만나고 싶은 남자 1위, 지독하게 얽히고 헤어지고 싶은 남자 1위. 그게 바로 남자의 악마 유기현이야.

'짐승남'에 가까운 몬스타엑스를 탈덕한 후에는 엔시티드림을 좋아하게 됐다. 원래 사랑은 예측할 수 없는 방향으로 튀기도 하는 법이다. 엔시티드림을 좋아하는 친구와 하루에 10시간씩 해찬, 런쥔 이야기를 하며 밤을 샜다. 회사 점심 시간에 제노 생일 카페를 가고, 주말에는 런쥔 전시회를 갔다.

그러다가 엠넷에서 하는 서바이벌 프로그램 〈킹덤〉을 보고 더보이즈로 넘어갔다. 그 당시 넷플릭스의 〈킹덤〉이 흥행했는데, 나는 굳이 시청률이 1% 남짓인 엠넷의 〈킹덤〉을 시청했다. 현재 포토 카드를 뽑기 위해 듣지도 않는 앨범을 30장씩 사곤 했다. 지구야, 정말 미안해.

그리고 이 모든 아이돌을 거쳐, 2D에까지 이르렀다. 지금은 《슬램덩크》의 정대만과 송태섭을 너무 사랑하고 있다. 이들의 서사를 말하자면, 책을 써도 모자라니 여기까지만 하겠다.

"나 진짜 정대만, 송태섭에 대한 마음은 그냥 지나가는 마음이 아냐."

내가 엔시티드림을 좋아할 때도, 더보이즈를 좋아할 때도, 그리고 지금 《슬램덩크》를 좋아하는 동안에도 여전히 엔시티드림을 좋아하고 있는 친구에게 새삼스레 고백했다. 친구는 코웃음을 쳤다. 네가 참도 그렇겠다는 표정이었다. 나는 조금 머쓱한 듯 덧붙였다.

"아, 나도 좀 하나를 진득하게 좋아해보고 싶다. 너처럼. 난 그게 잘 안 돼. 벅차게 좋아하다가도 어느 순간 재미없고, 지루하고 안 좋은 것만 눈에 밟혀."

"무슨 소리야? LG 트윈스 있잖아. 네가 인생에서 제일 줏대 있게 사랑하는 거."

순간, 나도 모르게 웃음이 났다. 애써 부정하기 위해 무슨 말이라도 해보려 했지만, 말이 나오지 않았다. 그렇네. 수많은 아이돌들을 사랑하고 셀 수 없이 많은 서바이벌을 기웃거렸지만, 결코 변하지 않았던 단 하나의 마음은 LG 트윈스에 있었다. 〈프로듀스 101〉 본방 사수 전에 야구장부터 다녀왔고, 몬스타엑스가 나오는 시상식은 당첨됐는데도 귀찮고 멀다고 가지 않으면서 야구를 보기 위해 더 먼 대전은 당일치기로도 다녀왔다. 런칭 전시회에 가서도 휴대전화로 야구 중계를 틀어놨고, 매일 입지도 못하는 유니폼을 30장 넘게 사곤 했다.

1점도 나지 않아 재미가 없는 날에도, 허무하게 끝내기를 맞고 진 날에도, 연패를 거듭해도, 빈타*에 속이 터져도, 다음 경기 선발투수 예고가 뜨면 괜히 설렜다. 아이돌을 좋아할 땐 늘 순간의 불꽃처럼 벅차올랐다가, 익숙함이 찾아오면 시들해지곤 했다. 하지만 LG 트윈스는 아니었다. 익숙해질수록 더 좋았다. 익숙한 잠실 야구장의 풍경, 매일 들어도 벅차는 경기 개시음, 핀스트라이프 유니폼을 입고 그라운드로 뛰어나가는 반가운 뒷모습들. 똑같은 라인업이어도 과정은 매일 달랐고, 결과를 예측할 수 없었다. 권태가 올 겨를이 없었다. 좋든 싫든, 팀은 계속 나아갔고 나는 그 걸음을 놓치고 싶지 않았다. 이건 명백한 LG 트윈스에 대한 덕질이었다.

그래서일까. 내가 김현수를 좋아하게 된 것도 아주 자연스러운 흐름이었다. 사랑을 오래 한 사람만이 가질 수 있는 어떤 단단함, 묵묵함, 지독함 같은 것을 그는 그라운드에서 온몸으로 보여주고 있기 때문이다. 사실 그가 두산 베어스 선수였을 때는 잘 몰랐다. 아무래도 어린이날마다 수많은 엘린이를 울렸던 장본인이었고, 2014년엔가는 구원투수 이동현을 상대로 동점 스리런을 날려 나도 울게 했으니까. 그냥 극악무도해 보였다. 아니, 뭐 저렇게 잘하는데. 아까도 홈런 치지 않았어? 미쳤나 봐. 그러다 어느 해의 겨울, 김현수가 유광 점퍼를 입었다. 아직도 기억한다. 2017년 12월 19일.

그리고 핀스트라이프 유니폼을 입고 뛰는 김현수를 보며 다시금 생각했다. 김현수는 진짜 미친 게 맞구나. 야구에. 내가 지금껏 해온 덕질은 덕질도 아니네. 그는 자기 자신을 '성공한 덕후'라고 지칭하는 사람이었다. 세상에서 제일 좋아하는 야구를 직업으로 삼고 있어서가 그 이유였다. 프로 데뷔 20년 차의 베테랑이지만, 그는 늘 "야구를 못하는 게 가장 두렵다"고 말한다. 언젠가는 마주해야 할 그날을 조금이라도 늦추기 위해, 누구보다 치열하게 훈련하고, 누구보다 간절하게 그라운드를 밟는다. 심지어 야구로 받은 스트레스도 야구로 푼다고 한다. 로또에 당첨되면 뭐부터 하겠냐는 질문에 "야구 연습을 실컷 할 수 있게 연습장을 만들겠다"고 진지하게 대답하는 사람이기도 하다.

나는 김현수를 보며 생각한다. 아, 사람은 무언가를 사랑하는 힘으로도 살아갈 수 있구나. 사랑이, 단순한 감정이 아니라 삶의 태도이자 방식일 수도 있겠구나.

그의 태도는 나로 하여금 사랑에 대해 다시 생각해보게 만든다. 덕질이란 뭘까. 어떤 대상을 사랑하며, 나의 시간과 마음을 기꺼이 건네는 일. 그렇게 뭔가를 정성껏 사랑하며 한 행동들이 나를 만든다. 그 과정에서 어제보다 더 나은 내가 되기도 한다.

그러니까 결국, 덕질이란 그런 것이다. 애정하고 응원하면서,

그 과정에서 나도 함께 자라는 것. 뭔가에 쏟은 마음들이 내 삶의 태도가 되고, 내 세계의 일부가 된다. 김현수가 그라운드 위에서 보여준 야구에 대한 사랑이 익숙했던 이유도, 내 마음과 아주 많이 닮아 있었기 때문이다. 그가 아무리 힘들어도 사랑하는 야구를 통해 모든 것을 극복했던 것처럼, 나도 그렇게 사랑하는 것으로 버텨왔고 앞으로도 그러리라는 걸 안다.

그렇다면 사랑이란 뭘까. 사랑이란, 계속되는 마음이다. 오늘이 조금 힘들어도 내일을 기대하게 만드는 감정, 매일 반복되는 순간 속에서도 계속 새로워지는 감정. 물론 사랑은 종종 무력해 보이기도 한다. 아무것도 바꾸지 못할 것처럼 느껴질 때도 있다. 하지만 김현수의 야구처럼 사랑은 묵묵히, 끈질기게, 한결같이 제 할 일을 한다. 그러다 보면 조금씩 변해 있다. 팀이 나아가고, 계절이 길어지고, 어제보다 좋아진 선수들이 있다.

그렇다. 김현수 입단 이후 LG 트윈스의 팀 분위기는 정말 많이 달라졌다. 그래서 나는 믿는다. 결국 뭔가를 가장 단단하게 만드는 건, 오래 사랑한 마음이라고.

그러니까 김현수의 특기는 안타도 홈런도 아니고 야구에 대한 사랑이다.

이번엔 거짓이 아니라구요

 지도 교수님의 권유로 보게 된 만화책 《슬램덩크》는 내 삶에 예기치 못한 파동을 몰고 왔다. 스포츠를 좋아한다면서 어떻게 《슬램덩크》를 보지 않았냐는 교수님의 말에 '저는 야구 말고는 관심이 없는데요'라고 속으로만 생각했다. 그렇게 별 기대 없이, 그저 학술대회 발표를 위해 만화책을 펼쳤을 뿐이었다.

 그때까지 나는 농구에 대해 어떤 기본 지식도 상식도 없는 상태였다. 남동생이 외국 생활을 할 적에 산 후드 달린 티셔츠를 빼앗아 입고 나갔을 때, 누군가가 내게 '골든스테이트 워리어스'를 좋아하냐고 물었고 나는 가슴팍의 로고를 잡아당기며 이렇게 대답했다. "네? 그게 뭔데요? 이거 금문교 아니에요?"

그래, 따지고 보면 금문교가 맞긴 하다. 하지만 그건 NBA의 골든스테이트 워리어스라는 팀의 로고이기도 했던 것이다. 집으로 돌아와 동생에게 "야, 네가 좋아하는 팀이 골든? 그거야?"라고 물었고, 동생은 그 옷을 왜 누나가 입고 있냐는 표정으로 눈썹을 들썩이더니 고개를 끄덕였다. "근데 오클라호마시티 선더를 더 좋아하긴 해"라는 말도 덧붙였다. "뭐 이렇게 팀 이름이 어렵냐. LG 트윈스, 얼마나 간결해. 응?" 이렇게 중얼거리며 옷을 벗어 빨래 통에 넣었다.

아무튼 나는 농구를 단 한 번도 본 적이 없었기에, 림에 공이 들어가면 1점씩 올라가는 줄로만 알았다. 몇 명이서 뛰는지도 모르고 심지어 덩크가 뭔지도 모르는, 그야말로 무지의 상태였다. 그래서《슬램덩크》의 초반 부분을 볼 때는 약간 지루하기도 했다. 강백호 애 진짜 어이없네. 하여튼 희한하고 웃기는 애야.

그렇게 몇 권을 읽어나가다가 정대만이 농구부를 습격하면서부터, 나는 이 작품이 내게 아주 오래 남을 것임을 직감했다. 한 작품이 한 사람의 인생을 바꿀 수 있다는 말이 어쩌면 허풍처럼 들릴 수도 있지만, 나는《슬램덩크》 앞에서라면 기꺼이 그 허풍의 증인이 될 수도 있겠다 싶었다.

가장 먼저 내 마음을 흔든 건 정대만이었다. 부상으로 코트를 떠나 불량배로 전락했지만 농구에 대한 진심을 주체하지 못해 돌아온, 소위 '돌아온 탕아'다. 은사님을 마주한 순간 모든 걸 내려놓고 무릎을 꿇은 채 "농구가 하고 싶어요"라고 고백하던 장면에서, 나는 책장을 덮고 한참 동안 멍하니 있었다. 다시 시작하고 싶지만, 너무 늦은 것 같고, 먼 길을 돌아온 것 같고, 이미 한참이나 어긋난 것 같아서 계속 외면했지만 결국 그는 모든 자존심을 내려놓고 농구가 하고 싶다고 말한다. 그건 '해도 될까?'라는 질문과 의심을 통째로 삼켜버린 진심이었다.

권준호의 3점 슛도 인상 깊었다. 벤치 멤버였기에 상대 팀 선수들도 권준호를 크게 신경 쓰지 않고 수비를 하지 않는다. 상대 수비가 느슨해진 순간 채치수는 "준호야, 프리다! 쏴라!"라고 외친다. 그때 던진 권준호의 슛이 림을 가르는 순간, 나는 생각했다. 평범한 이들의 위대함에 대해. 그 3점 슛으로 북산고는 전국 대회에 진출하게 된다.

주인공이 아니더라도, 화려한 조명이 없더라도, 한 사람의 성실함은 언젠가 빛을 발한다. 그 순간을 위해 참고 준비하는 모든 '권준호'들에게 이 장면은 은밀한 위로이자 응원이 됐다.

전국 제패라는 꿈을 위해 붕대를 감으며 "간신히 잡은 찬스다! 뼈가 부러져도 좋다. 걸을 수 없게 돼도 좋다!"고 외치던 채치수의 열정, 슛을 성공시킨 이후 송태섭이 윤대협을 향해 "나 정도는 언제든지 블로킹 할 수 있을 거라고 생각했냐?"라고 말하며 짓던 당당한 표정, 그리고 왼쪽 눈을 다쳐 시야가 흐릿한 채로도 "몸이 기억하고 있다. 몇백만 개나 쏴온 슛이다"라며 손의 감각만으로 슛을 성공시키는 서태웅까지. 이 모든 장면들은 나의 고비마다 떠올라 내 등을 밀어줬다.

그중에서도 내가 가장 사랑하는 장면은 마지막 부분인 산왕전에서 나온다. 바로 이 대사다.

"정말 좋아합니다. 이번엔 거짓이 아니라구요."

《슬램덩크》대서사의 시작이 된 "농구, 좋아하세요?"라는 채소연의 질문에 강백호는 그저 그녀에게 잘 보이기 위해 좋아한다고 대답하며 농구를 시작한다. 하지만 시간이 지날수록 그는 진심으로 농구를 좋아하게 됐고, 비로소 자신의 마음을 똑바로 마주하고 고백을 한다. 농구를 정말 좋아한다고. 이번에는 결코 거짓이 아니라고.

그 고백은 단순히 '농구가 좋다'는 말이 아니었다. 강백호가 처음으로 뭔가를 위해 자신의 전부를 내던졌다는 증거였다. 시합에서 이기고 지는 경험, 슛이 들어가는 짜릿함과 리바운드를 놓쳤을 때의 아쉬움, 체력이 바닥나도 몸을 다시 일으켜 세우는 끈질김, 그 모든 순간 속에서 그는 조금씩 달라졌다.

그저 여자에게 잘 보이기 위해 농구를 시작했던 소년은, 어느새 매일 슛을 쏘며 진심을 담아 연습하고, 코트 위의 열기 속에서 동료들과 숨을 맞추며 팀워크를 익혔고, 그 속에서 처음으로 누군가의 신뢰를 받는 기쁨을 알게 됐다. 방황하던 소년은 그렇게 농구라는 열정 속에서 길을 찾았다. 농구는 더 이상 소연이의 환심을 사기 위한 수단이 아니라, 스스로를 사랑하는 하나의 방식이 됐다.

코트 위에서 강백호는 처음으로 자신이 '잘하고 싶은 어떤 것'을 발견했고, 그것이 자신의 몸과 마음을 움직였다. 결국 농구에 대한 마음이 '이번엔 거짓이 아니'라고 고백하기에 이른다.

나는 이 장면을 볼 때마다 과거의 내가 떠오르곤 한다. 진심이라는 건 꼭 처음부터 순수하고 고상한 이유로 시작돼야만 하는 걸까. 적어도 나는 그렇지 않았다. 강백호가 그랬던 것처럼. 심지어 박찬호도 라면을 먹고 싶어서 야구부에 들어갔고, 양현종도 급식을 빨리 먹고 싶어서 야구를 시작하게 됐다고 하지 않는가.

나는 야간 자율 학습, '야자'가 싫어서 그 대안으로 예고에 가고 싶어했다. 그게 전부였다. 인문계 고등학교에 진학하면 매일 저녁까지 강제로 '야자'를 해야 했고, 나는 그 답답한 교실 안에 붙잡혀 있기 싫었다. 그래서 중학교 1학년 때부터 예고에 진학하기 위한 작전을 짰다. 엄마의 전공을 따라 미술을 하겠다고도 했고, 초등학생 때부터 배웠던 플루트를 전공으로 삼고 싶다고도 했다. 그런데 안타깝게도 그중 어느 것에도 특출난 재능은 없었다.

하지만 엄마가 주말마다 데리고 나간 백일장에서 아주 작고 조심스러운 가능성을 발견할 수 있었다. 교내 백일장에서는 늘 상을 휩쓸었지만, 전국 대회에서 상을 받는 건 처음이었기 때문이다. 결국 나는 예고 문예창작과에 입학했고, 글을 더 본격적으로 배우게 되었다. 수많은 소설과 시를 읽었고, 필사를 해보기도 하고, 플롯을 짜고, 이야기를 써 내려갔다. 물론 백일장과 공모전에서 낙방하는 일도 많았다. 그런데도 이상하게, 그만둘 수는 없었다. 밤이면 밤마다 노트북 앞에서 글을 썼다. 글 쓰는 것이 좋았다.

그러니까 웃긴 거다. '야자'가 하기 싫어서 시작한 글쓰기였는데, 결국 나는 그보다 더한 시간을 자발적으로 견디며 책상 앞에 앉아 있게 된 것이다. 그토록 깊은 밤을, 그 많은 낙심을, 수없는 삭제와 수정을 기꺼이 버텼다. 좋아한다는 이유 하나로. 시작은 '야자 회피'로 미약했으나 끝은 '진심으로 좋아한다'는 창대한 고백으로 이어졌다. 나는 이제 안다. 좋아한다는 감정은 언제나 처음부터 찬란하고 정제된 모습으로 다가오는 것이 아니라는 것을. 오히려 불순하고 단순했던 시작이 오랜 시간을 통과하며 더 깊고 단단한 진심이 되기도 한다는 것을.

야구를 좋아하게 된 것도 마찬가지였다. 나는 봉중근을 좋아해서 야구를 보기 시작했다. 2009년 WBC에서 봉중근이 이치로를 견제하던 장면이 인상 깊었고, 자연스레 LG 트윈스를 응원하던 엄마 곁에 앉아 야구를 봤다. 그 당시 누군가가 내게 이상형을 물으면 봉중근이라고 대답할 정도였다. 그리고 우규민은 잘생겨서 좋아했다. 오지환과 정수빈을 두고 '잠실 아이돌 논쟁'이 펼쳐질 때 두산 베어스 팬과 치열하게 갑론을박을 벌이기도 했다. "오지환이 더 정석 미남이지. 정수빈은 귀염상이고." "아니야. 정수빈이 여자들에게 더 먹히는 얼굴이지." 이런 대화가 오갔다. 아무튼 나는 그렇게 야구를 좋아하기 시작했다.

그러다가 나도 모르게 진심이 돼버렸다. 잘생겨서 좋았던 우규민의 선발 등판 날마다 피칭을 몇 번씩 돌려 봤는데 어느 순간 싱커*와 체인지업*이 눈에 익었다. 뱀처럼 휘는 슬라이더에 감탄을 하기도 했다. 퀄리티 스타트가 무엇인지 알게 됐고, 9이닝당 볼넷 수(BB/9)와 이닝당 출루 허용률(WHIP)도 계산하게 됐다. 그렇게 나는 조금씩 야구를 이해하고 있었다.

오지환도 마찬가지였다. 그저 잠실 아이돌로만, "만나서 반갑습니다, LG 오지환입니다, 안타 날아갑니다, 준비됐습니까? 다시 한번 말씀드립니다, 오지환입니다"라는 인상 깊은 응원가로만 기억됐던 오지환은 내야를 빠져나가도 이상할 게 없는 타구를 잡아내 강한 어깨로 1루 송구를 하거나 병살을 만들어내곤 했다. 나는 6-4-3*, 4-6-3 더블 플레이*를 오지환을 통해 배웠다. LG 트윈스가 만들어낸 더블 플레이의 중심에는 언제나 오지환이 있었기 때문이다.

사이드 암*으로 투구 폼까지 바꿔가며 안간힘을 쓰던 봉중근은 결국 부상을 극복하지 못하고 은퇴를 결정했다. 단 1이닝이라도 팬들 앞에서 더 던지고 싶다며 재활에 매진했지만, 그의 바람은 끝내 이뤄지지 못했다. 나는 그 인터뷰를 보며 눈물을 흘렸다. 마음 깊은 곳이 이상하게 저릿했다. 마운드 위에서 더는 공을 던질 수 없다는 현실 앞에서도, 그는 끝까지 LG 트윈스 팬들을 먼저 떠올렸다. 나도 처음에는 봉중근을 단지 이상형이라고 장난스럽게 말하며 좋아했지만, 그의 공을 따라가며 어느새 그 사람의 삶을 함께 응원하게 됐고, 그의 마지막을 내 이야기처럼 아파하게 됐다. 이상형을 떠나 나는 봉중근의 야구 인생을 지켜봐 온 진심 어린 '팬'이 된 상태였다.

생각해보면 모든 시작은 시시할 정도로 단순하다. 그냥 누군가가 잘생겨 보여서, 그냥 응원가가 재밌어 보여서. 하지만 그런 '그냥'도 계속되면 결국 '진심'이 된다.

처음부터 야구의 룰을 다 알 필요는 없다. 야구의 체계나 작전을 꿰뚫을 필요도 없다. 감독도 아니지 않은가. 강백호도 트래블링이 뭔지도 모르고 농구를 시작했는데, 야구 선수도 아닌 야구 팬이 룰을 모른다는 이유로 조롱을 받을 이유는 더더욱 없다. 나 또한 멋있어 보이는 야구 선수 하나로 야구를 보게 됐지만 이제는 야구 자체를 사랑하게 됐으니 말이다. 그러니 나는 야구를 '배운' 게 아니라 '겪었다'고 할 수 있다. 때로는 치욕처럼 느껴지는 패배도 겪고, 찜통에 갇힌 듯한 더위도 겪고, 진심을 다한 누군가의 은퇴도 지켜보며, 그렇게 야구와 함께 성장하고 진심이 된 것이다.

그런데 여전히 여성이 야구를 좋아한다고 하면 따라붙는 말들이 있다. "룰은 알고 봐?" "그냥 잘생긴 선수 좋아하는 거 아냐?" "SNS에 올릴 사진 찍으러 야구장 가는 거겠지" 같은 말들. 15년 전 내가 들었던 것과 조금도 달라지지 않은 레퍼토리가 이제는 우습기만 하다. 여성의 팬심을 비하하는 것 같아 한편으로 씁쓸하기도 하다. 마치 팬으로서의 진정성에 자격 시험이라도 있는 것마냥 조롱하는 모습에는 화도 난다.

좋아하는 마음에는 자격 조건이나 우열이 없다. 누군가는 처음부터 야구의 룰을 잘 숙지하고 진심으로 좋아할 수도 있겠지만, 그 진심이 꼭 처음부터여야만 유효한가? 어떤 사랑이든, 시작보다 더 중요한 건 지속이다. 그저 잘생긴 얼굴이 좋아서 시작한 팬심도, 끝내 승패에 울고 웃으며 그라운드 위의 서사를 이해하기 시작했다면 그건 진심이라 할 수 있다. 진짜 사랑은 어디에서 시작했느냐가 아니라, 어디까지 깊어졌느냐로 증명하는 거니까.

그러니 이제 누가 내게 "야구, 좋아하세요?"라고 묻는다면, 나는 뛰는 가슴을 주체하지 못하고 이렇게 대답할 것이다.

"정말 좋아합니다. 이번엔 거짓이 아니라구요."

어떤 것을 진심으로 좋아하게 된 이후의 삶은, 그렇게 조금 더 뜨겁고 충만하다.

❖

내가 필요하다 말해, 말해줘요
부추무침

 어둠 속에서 발아하는 식물이 있다. 게다가 그 식물은 꽤나 끈질겨서 베여도, 꺾여도 다시 자라난다고 한다.

 은퇴를 하신 후, 마당에 텃밭을 꾸리는 취미를 갖게 된 외할아버지는 여러 식물들을 키워내셨다. 부추도 그중 하나였다. 동생이 태어나는 바람에 여름방학 동안 외갓집에 맡겨진 나는 하루하루 달라지는 외할아버지의 텃밭을 보는 설렘으로 매일 아침을 맞았다.

 마당의 파라솔 아래 앉아 외할머니가 잘라주신 수박을 먹고 있을 때였다. 외할아버지가 부르셔서 가보니, 며칠 전 심은 부추씨가 드디어 발아했다며 슬쩍 보여주셨다. 부추는 암발아^{暗發芽} 식물이라고 씨앗을 심은 후 박스를 펴 그늘막을 만들어두셨는데 그 어둠 아래에서 초록 잎이 피어난 것이다. 이후 부추는 쑥쑥 자라났다.

외할아버지가 마당에서 부추를 수확해오신 날, 부엌에는 부추의 진한 향이 가득했다. 이어 고춧가루와 액젓, 약간의 식초와 참기름을 넣어 살살 무치면 부추무침이 완성됐다. 외할아버지는 흰밥 위에 부추무침을 올리고 계란프라이를 턱 얹어주셨다. 슥슥 비벼 한 숟갈 떠먹으면, 입안 가득 부추의 알싸하면서도 달큰한 향이 퍼졌다. 초등학생 때 이미 막 수확한 부추의 향을 안 것이다.

부추는 며칠이면 또다시 자라났다. 베어도 베어도 다시 자라나는 그 질긴 생명력 덕분에, 여름방학 내내 부추전도 지져 먹고, 오이소박이에도 부추를 넣어 무치고, 시금치 대신 부추를 넣은 김밥까지 먹을 수 있었다. 외할머니는 김밥 위에 참기름을 덧바르셨고, 외할아버지는 작은 아이스박스에 물과 수박 자른 것을 넣으셨다. 그렇게 셋이서 한강으로 피크닉을 나가곤 했다. 그 여름, 마당 한쪽 그늘 아래서 조용히 부추가 자라고 있었다.

암흑 속에서 피어난 선수도 있다. 게다가 그 선수는 꽤나 당차서 쓰러져도, 무너져도 다시 일어난다고 한다.

우리는 시속 150km에 육박하는 패스트볼을 거침없이 꽂던 루키 시절의 그를 기억한다. 앳된 얼굴을 했음에도 마운드 위에서만큼은 '주눅'이라는 단어를 모르는 표정으로 공을 던지던 그 투수를. 돌직구의 선수가 있으니 자신은 '불꽃 직구의 남자'로 불러달라고 말하던 당찬 신인을. 그는 직전 시즌 타격 7관왕의 리그 최정상 타자를 앞에 두고도 한가운데 직구를 던지는 담대한 승부사였다. 신인왕이 멀지 않아 보였고, 'LG 트윈스의 미래 에이스'라는 수식어가 전혀 낯설지 않았다. 등 뒤의 1번이 그를 위한 숫자처럼 느껴졌다. 도무지 끝이 보이지 않는 암흑기 속에서 발견한 작은 기대이자 희망이었다.

하지만 곧 혹사의 그림자가 그의 팔꿈치에 드리웠다. 가장 무덥다는 8월, 4경기 연투가 시작이었다. 8점 차로 이기고 있는 9회에 등판하더니, 그다음 날에는 3점 차로 지고 있는 7회에 등판했다. 그다음 날에는 선발투수가 조기 강판*되자 빠르게 몸을 풀고 2회부터 올라왔다. 그 경기에서 임찬규는 만루 홈런을 맞고 강판됐다. 그리고 그다음 경기에도 등판했다. 그는 여전히 당찬 표정이었지만, 몸은 조금씩 균열이 생기고 있었다. 프로 1년차, 젊은 어깨에 쌓여가는 무게를 아직 말로 표현할 줄 몰랐을 것이다. 마운드로 향하는 그는 씩씩하고, 외로워 보였다. 등에 박힌 1이 그를 닮아 있었다.

팀의 성적은 곤두박질쳤고 암흑의 수렁은 더욱 깊어만 갔다. 팬들이 선수와 구단을 향한 청문회를 연 것도 여러 번, 그 누구도 고졸 신인 선수의 혹사까지 조명할 여력이 없었다. 주목받지 못하는 그늘진 곳에서 그는 묵묵히 공을 뿌렸다. 그렇게 임찬규는 시즌 초에 마무리로 시작해서, 시즌 말미에는 선발까지 맡았다. 10승을 채워야 신인왕 경쟁에서 유리하다는 게 그 이유였다. 그러나 이미 구위*가 낮아진 상태였기에 패전의 멍에만을 썼다. 마무리, 셋업맨*, 롱 릴리프, 패전 처리 투수*, 선발까지 모든 보직을 넘나들고 방치되며 혹사를 당했던 것이다.

임찬규의 구속은 서서히 줄기 시작했다. 투수에게 구속이란 그 자체로 위압이며 신뢰이기에, 그도 미련을 쉽게 버리지는 못했을 것이다. 그러나 무리하게 고수한 직구의 구속은 140km/h 초반대를 겨우 맴돌 뿐이었다. 프로 4년차, 토미존 수술(팔꿈치 내측 인대 재건술)까지 받았다. 그는 자신이 해오던 야구를 내려놓고 새롭게 시작해야만 했다. 쉬운 일이 아니기에 많은 시행착오를 겪었고, 무너지기도 여러 번이었다. 우리는 그렇게 공이 빠른 1라운드 유망주 하나를 잃는구나 싶었다.

하지만 임찬규는 매년 LG 트윈스의 마운드 위에 올랐다. 매년 조금씩 달라진 모습으로. 점차 빠른 공 대신 자신만의 템포를 택했고, 힘으로 눌러 찍던 방식에서 벗어나 낙차와 각도로 타자와 싸우는 법을 익혔다. 그렇게 결국 다시 일어났다. 혹사, 자기 자신과의 싸움, 비난과 비판, 재단과 평가 등으로 수없이 베였지만 끈질기게 공을 쥔 자의 모습이었다. 그는 '결코 무너지지 않는 투수'는 아니지만, '무너져도 다시 일어나는 투수'임에 틀림없었다.

어느 날부턴가 임찬규의 등판은 우리에게 묘한 믿음을 주기 시작했다. 설령 어려운 상황을 자초해도 그 위기를 스스로 극복하는 모습에는 '임찬규다움'이라는 수식이 붙게 됐다. 2024년 플레이오프에서는 2002년 '엘린이'로서 겪었던 설움을 되갚아주는 완벽한 피칭을 보였다. 우리가 LG 트윈스를 사랑해서 아팠고, 기뻤고, 분했고, 울었던 것처럼 임찬규 역시 그랬던 것이다. 우리가 사랑하는 팀을 가장 사랑하는 사람으로서 똑같이 아파하고, 속상해했으며, 간절해했던 선수. 그러니까, 그가 던진 공은 2002년에 눈물을 훔쳤던 모든 엘린이들을 대신한 복수이자, 승리보다 패배가 더 익숙했던 엘린이들을 위한 묵직한 위로이기도 했다. 그 덕에 2024년의 엘린이들은 더 이상 눈물을 흘리지 않는다. 22년의 시간은 한 어린이를 자라게 하기 충분했고, 손에 잡히지 않았던 승리를 스스로 쟁취할 수 있는 힘을 주었다.

그리고 2025년 3월 26일, 임찬규는 생애 첫 완봉승*을 거뒀다. 프로 데뷔 후 15년 만이다. 속도는 잃었지만 마침내 방향을 찾은 투수가 세운 완벽한 9이닝이었다. 방향을 찾기까지 많이 헤맸지만, 헤맨 만큼 그의 땅이 됐다.

그가 경기장에 등장할 때마다 원더걸스의 〈텔 미〉가 울려퍼졌다. 리드미컬한 전주와 함께 곧바로 나오는 가사. "너도 날 좋아할 줄은 몰랐어, 어쩌면 좋아, 너무나 좋아." 처음에는 웃으며 듣던 그 노래가 이제는 왠지 조금 울컥하게 들린다.

어릴 적부터 LG 트윈스를 좋아하던 소년이 마침내 줄무늬 유니폼을 입던 날, 아마 꿈만 같았을 것이다. 자신의 일방적인 사랑이 양방향이 된 것과 다름없으니까. 그날부로 임찬규는 LG 트윈스를 마음껏 사랑해도 되는 사람이 됐다. 영원을 약속 받아 상기된 소년의 얼굴로 그는 말했다. 딱 LG 트윈스에 지명될 만큼 야구를 잘해서 다행이라고. 너무 잘하거나 너무 못했으면 다른 팀의 부름을 받을 수도 있었다며 LG 트윈스와의 관계를 감히 '운명'이라 정의했다.

그렇게 팀이 가장 어두웠던 시절에 입단했고, 흔들리던 시절을 통과해 지금에 이르렀다. 암흑기를 지나며 남겨졌던 수많은 패전 기록 위에도, 혹사로 물든 시즌의 끝자락에도 그는 LG 트윈스라는 팀을 사랑했다. 그가 고난과 역경을 겪으면서도 다시 일어날 수 있었던 이유는 단순한 투지나 근성뿐만이 아니었다. 그건 단연 사랑이었다. 사랑했기에, 무너질 때마다 다시 일어섰던 것이다. 누군가는 포기했을 자리를 그는 지켰고, 그가 견딘 날에는 늘 LG 트윈스를 향한 애정이 있었다. 그래서일까, 그가 마운드 위에서 던지는 공 하나하나가 지금도 여전히, LG 트윈스를 향한 고백처럼 느껴진다.

이어서 나오는 후렴구. "내가 필요하다 말해, 말해줘요." 이 가사가 마운드로 향하는 그의 발걸음과 겹쳐진다. 그렇다. 임찬규는 우리에게 정말 필요한 선수가 되었다. 쓰러져도, 무너져도 다시 일어나는 것이 얼마나 어려운 일인지 우리는 잘 알고 있다. 스스로를 의심한 무수한 밤이 있었을 테고, 더 이상 던질 수 없을지 모른다는 두려움도 있었을 것이다. 하지만 그런 부침의 시간을 지나면서도, 끝까지 팀에 남아 마운드를 지켜준 단 한 사람이 바로 그였다.

어둠 속에서 발아하는 부추처럼, 베여도 꺾여도 다시 자라나는 그 질긴 생명처럼. 임찬규 또한 빛이 닿지 않는 암흑 속에서 조용히 뿌리를 내렸고 수없이 베이면서도 끝내 다시 잎을 틔웠다. 얇고 여린 잎처럼 보여도, 그 안의 생명력만큼은 그 어떤 것보다도 단단했다. 나는 이제야 안다. 견디는 법을 알고, 다시 자라는 법을 아는 존재의 아름다움을.

나는 장을 볼 때마다 항상 장바구니에 부추를 담곤 한다. 초등학생 때 외할아버지가 알려주신 부추의 참맛을 아직 잊지 못한 것도 있지만, 베여도 다시 자라나는 그 끈질김과 어둠 속에서 발아하며 품는 짙은 향이 좋아서다. 어떤 음식에도 잘 어울리면서, 맛을 더 깊고 향긋하게 만들어주는 존재. 간장과 참치액으로 맛을 낸 삼겹살 파스타에 부추 한 줌을 올리며 임찬규를 떠올린다. 그가 없었다면 완성되지 않았을 경기가 있었다. 그가 던져주지 않았다면 버티지 못했던 날들이 있었다.

임찬규, 그가 견딘 모든 암흑의 시간은 결국 하나의 대답이 됐다. 우리가 기다려온, 우리가 사랑하는, 우리가 정말 필요로 하는 선수는 바로 임찬규 당신이라고. 강한 자만이 살아남는다고 하는 시대에서, 살아남는 자가 강한 것임을 몸소 보여준 사람이라고. 그렇게 말해주고 싶다.

You're still my No.1, 임찬규.

쌍방 구원 서사
얼큰 소고기 국밥

9월 말인데도 유난히 무더운 날씨였다. 지구온난화가 심각하긴 하구나. 일회용기에 담긴 닭강정을 먹고 있는 내가 마치 북극곰 살인마가 된 기분이었다. 나도 이렇게 더운데 북극곰들은 어떡하지. 앞으로는 일회용품 쓰지 말아야겠다. 그래야 나도 살고, 북극곰도 살아. 도무지 9월 말 같지 않은 살인적인 더위 앞에서 뭐 이런 생각들을 했던 것 같다.

게다가 동쪽에서 뜨고 서쪽에서 지는 태양의 궤적 특성상, 인천에 위치한 SSG랜더스필드의 3루는 해가 완전히 질 때까지 태양을 정면에서 마주할 수밖에 없는 구조였다. 높은 기온 탓에 땀이 줄줄 흘렀고, 햇빛 때문에 눈도 제대로 뜨지 못하는 상황이었다. 그것만으로도 충분히 힘들었는데, 경기가 시작되자 거짓말처럼 더 힘든 일이 닥쳐왔다.

고난과 역경은 한 번에 밀려온다더니, 팀의 에이스인 플럿코가 선발이라고 해서 인천까지 왔는데 담 증세 때문에 첫 타자를 고의사구*로 내보내고 마운드에서 내려가는 것이었다. 오늘 내 세상이 무너졌어. 한순간에 플럿코가 내려가더라. 너무 힘들어. 지금도 울고 있어. 보고 싶다. 삼진 잡는 1선발 플럿코. 너무 그리워. 내 닭강정을 다 가져가도 좋아. 제발 다시 올라와줘….

플럿코가 내려간 후, 구원투수*들이 올라오기 시작했다. 최성훈을 시작으로 김진성, 김대유, 최동환, 이우찬이 마운드를 밟았다. 그들의 투구는 말 그대로 '구원'이었다. 사전적으로는 '어려움이나 위험에 빠진 사람을 구하여 줌'이라는 의미를 가진 그 단어가, 그날 LG 트윈스 불펜에 명백히 존재했다. 부상으로 물러난 선발투수를 대신해 던지는 그들의 공은 무너진 흐름을 붙들고 경기를 다시 일으켜 세우는 구원의 손길 그 자체였다.

그렇게 무실점으로 SSG 랜더스의 타선을 틀어막던 구원투수들이었다. 누군가 무너진 마운드를 뒤로하고 내려간 그 순간, 마운드를 향해 천천히 걸어 나오는 구원투수. 그 장면은 늘 무언가를 다독이듯 묵직하고 조용한 감동이 있다.

선발 라인업에 이름이 오르고, 환호와 박수를 받으며 말끔한 마운드 위에 등장하는 선발투수와 달리 구원투수들은 대체로 불완전한 상황 속에서 나타난다. 누군가의 흔들림 혹은 갑작스러운 부상으로, 준비되지 않은 타이밍에 불려도 언제든 마운드에 설 수 있어야 한다. 찰나에 팔을 풀고, 짧은 숨을 고른 뒤, 곧바로 팀의 흐름을 바꿔야 한다. 실점은 최대한 적어야 하며, 무사 만루와 같은 극한의 상황에서도 자신의 공을 믿고 던져야 한다. 그것이 구원투수의 숙명이다.

실점을 하지 않으면 당연한 일로 여겨지고, 실점을 하면 곧바로 비난을 받는 자리. 그 무정한 구조 속에서도 그들은 묵묵히 공을 던진다.

그날 LG 트윈스의 구원투수들은 저마다 주어진 이닝을 소화하고 내려갔다. 어떤 타자는 구원투수의 압도적인 구위로, 또 어떤 타자는 수비의 도움으로 아웃을 시켰다. 그렇게 무실점 행진이 계속되던 차, 6회에 올라온 이정용이 최정에게 홈런을 맞았다. 최정 홈런, 그 응원가는 마치 주술과도 같아서 비가 올 때까지 기우제를 지내는 인디언들처럼 최정이 홈런을 칠 때까지 계속되고, 최정이 홈런을 쳐야 비로소 끝난다.

최정은 구원투수들이 애써 지켜온 0의 균형을 산산조각 내며 베이스를 돌았다. 홈런을 칠 때마다 나오는 뱃고동 소리가 랜더스필드를 채웠다. 하지만 LG 트윈스의 구원은 끝나지 않았다. 뒤이어 올라온 구원투수 정우영과 고우석이 무실점으로 이닝을 마무리하고, 마운드를 지켰다. 마치 서로가 서로를 지탱하듯, 실점을 해도 다시 막아내고, 흔들려도 다시 다잡는 모습이었다.

구원투수들은 늘 누군가를 대신하거나, 누군가의 뒤를 이어 마운드에 서지만 나는 그들이야말로 진짜 '자기만의 게임'을 해내는 이들 같다고 생각한다. 이미 흔들린 흐름을 되돌리고, 주자가 가득한 베이스를 지워야 한다. 팀이 원하는 건 단 하나, 실점하지 않고 이닝을 넘겨주는 일이다. 화려하지도 않고, 이름이 크게 불리지도 않는다. 심지어 그날 등장한 수많은 구원투수 중 하나가 될 가능성도 높지만, 그 무심한 '넘겨줌'이 쌓여 경기가 완성된다.

그리고 9회 초, 이영빈의 밀어내기* 볼넷으로 동점이 됐다. 공의 궤적을 끝까지 살피고, 끝내 참아내는 그의 시선에서는 간절함이 보였다. 그렇게 경기는 연장으로 갔고 10회 초 2사 만루, 김민성의 만루 홈런이 터졌다. 한쪽 무릎을 굽히며 쏘아올린, 마치 프러포즈 같은 만루 홈런이었다. 무릎 꿇은 경기를 일으켜 세우는 한 방이기도 했다. SSG랜더스필드의 3루는 그야말로 열광의 도가니였다.

김민성의 응원가를 부르며 생각했다. 오늘 이 경기는 드라마로 써도 손색이 없는 쌍방 구원 서사라고. 먼저 넘어져도 그를 일으켜 세우는 손이 있고, 그 손을 붙잡고 다시 올라서는 사람도 있으니까 말이다. 누군가는 홈런을 맞아 무너졌지만, 다음 투수가 그를 구했고, 타자들은 또 그 투수들을 구원하는 동점과 역전 타점을 기록했다. 모두가 조금씩 실수했고, 모두가 서로를 끌어올렸다. 그날의 경기는 그랬다. 인간적인 실수와 투지, 그리고 이어지는 구원의 연속이었다.

2022년 9월 25일은 쌍방 구원 서사를 좋아하는 나에게 영원히 잊지 못하는 날이 되었다. 나는 상처 입고 부족한 인물들이 만나 서로를 치유하고 구원하는 이야기에 마음이 이끌리는 사람이다. 내가 재밌게 본 콘텐츠는 거의 그런 서사를 갖고 있다. 이날의 야구도 그랬다. 결코 완벽하지 않았고, 흔들렸으며, 한 방을 맞기도 했지만 그 누구도 구원의 손을 놓지 않았다. 실수한 투수의 패전 기록을 지워주는 타자가 있었고, 주춤한 동료의 뒤를 묵묵히 받쳐주는 이들이 있었다.

나는 가끔 음식을 만들 때도 그런 구원을 떠올린다. 운이 좋지 않아 마트에서 산 소고기가 유독 질길 때, 냉장고를 열어 구원투수를 찾는다. 소고기에 기름을 두르고, 다진 마늘을 넣은 후 고춧가루를 뿌려 설설 볶는다. 고추기름이 배어나오면 무를 썰어 넣고 육수를 부어 팔팔 끓인다. 간은 액젓으로 한다. 한소끔 끓어오르면 대파도 한 움큼 썰어 넣는다. 참고로 대파는 무심한 듯 툭툭 썰어야 향이 사는 느낌이다. 냉장고에 시들어가는 숙주나 콩나물이 있다면, 그야말로 운수 좋은 날이다. 뭉근하게 끓이다 마지막에 턱 넣는다. 그렇게 끓이다 보면, 질기던 고기는 부드러워지고 시들하던 콩나물도 생기를 되찾는다. 경상도식 얼큰 소고기 국밥이 완성되는 순간이다.

국자로 푹 떠낸 국물은 붉고도 맑았다. 은은한 고추기름 향 너머로 마늘과 무, 대파의 짙은 숨결이 함께 묻어났다. 젓가락으로 집어 든 소고기는 처음의 그 질긴 결이 믿기지 않을 만큼 부드러워져 있었다. 국물 속을 오래 맴도는 사이 무에서 우러난 단맛이 고기에 고루 배어들었다. 살짝 시들어 있던 콩나물은 국밥 속에서 톡톡 씹히는 식감으로 존재감을 드러냈다. 각각의 식재료는 혼자선 온전치 않았지만, 서로를 만나 함께 끓는 동안 맛있고 얼큰한 국밥으로 거듭난 것이다.

국밥을 먹으며 생각한다. 야구도 이와 비슷한 것 같다고. 처음에는 질기기만 했던 고기처럼, 선발투수가 일찍 무너져 경기가 엉망이 될 수도 있다. 2023년 11월 8일처럼. 그날은 1패를 떠안고 시작된 한국 시리즈 2차전이었다. 선발투수는 0.1이닝 4실점을 기록하고 내려갔지만 우리에게는 구원투수들이 있었다. 이정용, 정우영, 김진성, 백승현, 함덕주, 고우석이 나와 KT 위즈의 타선을 꽁꽁 묶었다. 김진성은 만루 위기를 잠재웠고, 패전투수의 멍에는 포수인 박동원이 깨끗이 지워줬다.

질긴 고기를 버리지 않고 끓여낸 국밥처럼, 흔들린 경기를 끝내 다시 일으켜 세우는 구원 서사는 야구에서 가장 따뜻한 이야기다. 나의 패전 기록을 다른 동료가 지워줄 수 있는 것. 내가 저지른 실수를 다음에 나오는 구원투수가 막아낼 수 있는 것. 그러니 야구의 구원은 언제나 쌍방이다.

서울 LG 꿈을 향해 달려가자
바질 페스토

 프라하는 시간이 고요히 쌓인 도시다. 뭐든 부수고 짓기를 반복하는 도시들과는 결이 다르다. 몇 세기 동안 한자리를 지킨 프라하성부터, 볼타바강을 따라 늘어선 붉은 지붕의 건물들까지, 이 도시는 오랜 세월의 결을 고스란히 간직하고 있다. 물 위로 미끄러지듯 떠가는 유람선과 카를교 위를 걷는 사람들의 모습마저도 마치 오래된 회화 속의 한 장면처럼 느껴진다. 오래전의 누군가가 봤을 풍경을 지금의 우리가 그대로 바라볼 수 있다는 건, 어쩌면 기적 같은 일이다.
 이 도시는 두 차례 세계대전의 상흔도 기적처럼 비껴갔다. 잔혹한 독재자인 히틀러조차 프라하의 아름다움에 반해 이곳은 폭격하지 말라고 했다는 말이 전해진다. 도시 가이드가 해준 그 이야기가 사실이든 아니든, 프라하가 그만큼 고요하고 단단한 아름다움을 지닌 도시라는 건 누구나 느낄 수 있다.

꼭 10년 만에 다시 방문한 프라하는 여전했다. 여전히 많은 사람들이 카를교 위에서 사랑을 약속하고 있었고, 볼타바강은 한결같이 그들을 감싸며 조용히 흐르고 있었다. 높은 곳에 위치한 수도원에서 내려다보는 도시는 여전히 정겨웠다. 지붕의 붉은 물결도 그대로였고, 골목 사이로 스며드는 오후의 햇살은 눈부시게 따뜻했다. 프라하는 확실히 변화가 느리거나, 혹은 느리게 보이도록 숨을 고르는 도시였다. 관광지로서의 유명세 때문인지 사람들은 많았지만, 사람들조차도 이 도시의 느긋한 리듬을 따라 걷는 듯했다.

사실 작은 도시에서 일주일이나 머무는 것이기에, 볼 만한 것들은 이미 다 본 상태였다. 프라하성도 여러 번 올랐고, 시계탑 앞에서 사람들과 함께 정각을 기다리는 일도 익숙해졌다. 그래서 여행 마지막 날, 계획 없이 발 닿는 곳에 가보기로 했다. 도시를 가로지르는 볼타바강을 따라 천천히 걸어보기로.

그렇게 볼타바강을 따라 발걸음을 옮기다 보니, '포드스칼리'

라는 작은 동네가 나왔다. 문득 매주 토요일이면 강변을 따라 작은 시장이 열린다는 이야기를 들은 게 떠올랐다. 자그마한 천막들 아래로 따뜻한 빵과 갓 수확한 채소들, 아름다운 꽃다발, 강아지 간식까지 진열돼 있었다. 주말 저녁 식탁을 위해 장을 보고 있는 가족들의 즐거운 손길과 오랜 고심 끝에 화사한 꽃다발을 품에 안은 한 남자의 설렌 얼굴이 눈앞으로 스쳐 지나갔다.

그때 마켓의 한편, 유난히 긴 줄이 눈에 띄었다. 호기심에 따라가보니 바질 페스토를 파는 작은 푸드트럭이었다. 수제 바질 페스토와 그것을 바른 토스트를 파는 곳. 줄을 서서 기다리며 유심히 살펴보니, 엄마와 세 남매가 함께 운영하는 집이었다. 엄마는 뒤편에서 큰 그릇에 바질 잎을 빻고 있었고, 아들은 버터를 녹이며 빵을 구웠다. 큰딸은 구운 빵에 바질 페스토를 발랐고, 작은딸은 계산을 맡고 있었다.

나는 토스트 하나를 구입해서 강변에 앉았다. 그리고 한 입 베어 물었을 때, 햇볕을 머금은 바질의 향과 고소한 올리브유, 살짝 물러진 치즈의 감촉이 입안 가득 퍼졌다. 한 스푼의 페스토에 어떻게 이렇게 많은 온기와 풍미가 담길 수 있을까 싶을 정도였다. 나는 홀린 듯 다시 줄을 섰다.

"또 왔네요?"

계산을 맡은 작은딸이 먼저 말을 걸었다. 오늘이 프라하에서 마지막 날인데 이 바질 페스토를 몇 통 사서 집에 돌아가고 싶다 했다. 딸은 웃으며, 집까지 얼마나 걸리는지 물었다. 비행기로 12시간 걸리는 거리고, 지금으로부터 한 17시간 정도 후에 집에 도착할 것 같다고 했다. 그녀는 잠시 망설이다가 말했다.

"그러면 이 바질 페스토가 변질될 수도 있어요. 우리는 방부제를 쓰지 않거든요."

나는 아쉬운 표정으로 고개를 끄덕였다.

"정말 아쉽네요. 이건 제 인생 최고의 바질 페스토였거든요. 정말로, 이 맛을 잊지 못할 것 같아요. 이걸 먹기 위해서라도 프라하에 다시 올 거예요! 고맙습니다."

바질 페스토의 맛에 감격한 나는 구구절절 하고 싶었던 말들을 모두 남기고서 다시 천천히 강변을 따라 걸었다. 수많은 풍경과 냄새가 내 곁을 스쳐 지나갔지만, 페스토의 향은 쉽게 가시지 않았다.

그때 뒤에서 누군가가 다급히 달려오더니 내 어깨를 잡았다. 바질 페스토를 만들고 있던, 연두색 앞치마를 한 엄마였다. 숨이 조금 가쁜 얼굴로 그녀는 유리병 하나를 내밀었다. 초록빛의 페스토가 가득 담긴 유리병이었다.

"안녕! 이건 내가 방금 만든 페스토야. 아까 딸에게 이야기를 들었거든. 지금 막 만든 거니 20시간까지는 괜찮을 거야. 아이스팩도 넣었어. 비행기 화물칸은 시원하니까 가는 동안 상하진 않을 거야."

나는 당황해서 부랴부랴 지갑을 꺼냈다. 바질 페스토 1병의 가격이 얼마였지, 기억을 되새기며 지폐를 손에 쥐었다. 그러나 그녀는 고개를 흔들며 웃었다.

"아냐, 이건 너를 위한 선물이야. 꼭 주고 싶어서 그래. 사실 우리 코로나 사태 이후로 정말 어려웠었거든. 가업을 접을 뻔했어. 그런데 우리의 바질 페스토가 최고라는 말을 다시 듣게 돼 무척 기뻐. 그리고 언젠가, 프라하에 꼭 다시 와. 또 만나자."

그러고는 뒤돌아 분주히 가게로 갔다. 나는 아득히 멀어지는 그녀의 뒷모습을 바라볼 수밖에 없었다. 내 손에는 작고 단단한 유리병이 들려 있었다. 정말 방금 만들어서인지 병을 쥔 손에 온기가 남았다.

페스토를 품에 안고 프라하에서의 마지막 시간을 보내기 위해 비셰흐라드 언덕으로 향했다. 도시의 남쪽, 강변을 걷다 보면 나오는 그 언덕 위에는 프라하의 오랜 숨결이 깃들어 있었다. 사람들은 그곳을 '성스러운 언덕'이라 불렀다. 우거진 나무들이 만든 그늘 아래에는 정적이 깊게 내려앉은 묘비들이 있었다. 체코를 빛낸 역사적인 인물들의 영혼이 머무는 곳. 마침 옆에 한 무리의 외국인들이 가이드 투어를 받고 있었고, 나는 자연스레 그들 뒤를 따랐다.

가이드는 한 이름 앞에 멈춰 섰다. '안토닌 드보르자크.' 체코가 낳은 위대한 작곡가였다. 가이드는 드보르자크의 삶을 소개했다. 그는 가난한 푸줏간 주인의 아들로 태어났다고 했다. 음악을 하고 싶다는 마음 하나로 음악가의 길에 도전했지만, 앞길은 순탄치 않았다.

음대 졸업 후에도 뚜렷한 직업을 얻지 못한 그는 한동안 식당과 무도회장을 돌며 비올라를 연주했다. 그렇게 생계를 이어갔고, 밤에는 조용히 작곡을 했다. 언제 들어줄지도 모를, 누가 알아줄지도 모를 곡들을. 낡은 악보와 닳은 손끝으로 버틴 시절이었을 것이다. 그러더니 가이드는 "이 곡은 아마 여러분도 들어본 적이 있을 거예요"라며 휴대전화를 꺼냈다. 그리고 곧 들려온 낯익은 선율. 나는 순간 걸음을 멈추고 멜로디에 맞춰 흥얼거렸다.

서울 LG, 꿈을 향해 달려가자
서울 LG, 꿈을 향해 승리하리라

설마 싶었지만, 틀림없는 라인업 송의 선율이었다. 가이드는 이 음악이 드보르자크의 〈유모레스크〉 7번이라고 했다. 낯선 타지에서, 이렇게 익숙한 멜로디를 마주할 줄이야. 순간 가슴 한쪽이 묘하게 간질거렸다. 이토록 먼 도시에서, 내가 사랑하는 팀의 라인업 송 선율이 들려오다니. 드보르자크가 포기하지 않고 달렸기에, 우리에게까지 닿은 그 음악이었다. 그가 남긴 음악은 이국의 도시에서, 한 스포츠 팀의 시작을 여는 음악으로 매일 불리고 있었다.

나는 라인업 송을 부르기 위해 늘 야구장에 일찍 들어갔다. 그 웅장한 전주가 울려 퍼지는 순간, 모두의 마음이 하나가 됐다. 서울 LG, 꿈을 향해 달려가자. 그래, 그 가사에 걸맞게 정말 많이 달리긴 했다.

염경엽 감독이 새롭게 부임한 2023년, LG 트윈스는 도루사 1위의 팀이었다. 내가 야구를 보러 간 날, 하루에 3번인가 4번 도루사를 당하기도 했다. 도루사로 한 이닝을 날려버린 것이나 다름

없는 셈이다. 나는 우스갯소리로 2루에 공동묘지를 만들어도 되겠다고 했다. 이건 신바람 야구가 아니라 '신발암' 야구라고, 암 걸리겠다며.

선수들은 겁도 없이 불길에 뛰어드는 날벌레 무리처럼, 서울 LG 꿈을 향해 달려가… 다가 죽었다. 그럼에도 불구하고, 염경엽 감독은 계속해서 달리라고 했다. 두려움 때문에 도전하지 않는 게 가장 나쁘다는 이유였다. 두려움과 주저함을 극복하기 위한 수단으로 도루를 주문했던 거다. 도루사를 고과에 반영하지 않겠다는 파격 인터뷰도 했다. 그래서 LG 트윈스는 계속 달렸다. 꿈을 향해.

홍창기는 도루 성공 20, 도루 실패 20이라는 기묘한 20-20 기록을 세우기도 했다. 신민재는 도루에 실패해도 고개 숙이지 않고 당당한 표정으로 더그아웃에 들어왔다. 그래서 어느 순간 팬들도 도루사가 나오면, 이제 '정품 LG 트윈스 야구'가 시작됐다며 순응했다. 김현수도 뛰고, 문보경도 뛰고, 박동원도 뛰었다. 그건 마치 서울 LG 꿈을 향해 쿵쾅쿵쾅 뛰어가는 모습이었다. 죄송하지만, 여기 혹시 LG 트윈스 육상부인가요?

당연히 LG 트윈스는 도루사 1위 팀이자, 도루 시도 1위의 팀이 됐다. 시도 때도 없이 달린 결과였다. 하지만 그 기록이 부끄럽지만은 않았다. 실패를 각오하고도 내딛은 그 모든 시도는 결국 두려움 없는 야구를 향한 첫걸음이 됐기 때문이다. 시도가 많았기에 당연히 도루 성공 개수도 압도적인 1위였다. 그렇게 꿈을 향해 달려가서 29년 만의 통합 우승까지 쟁취해냈다. 라인업 송의 가사에 가장 부합하는 경기를 보여준 해였다.

그리고 지금, 많은 팀들이 2023년의 LG 트윈스를 표방하며 달리고 있다. 도루는 여전히 실패의 확률이 높고 리스크가 큰 전략이지만 그 무엇과도 바꿀 수 없는, 실패를 두려워하지 않는 대담한 심장을 남기니까. 죽음을 감수해야만, 앞으로 나아갈 수 있다는 어떤 모순 같은 진실. 그 무모함 속에서 나온 도루는 종종 점수가 됐고, 흐름을 바꿨다.

생각해보면, 실패라는 건 용기를 낸 증거였다. 뭔가 해보려 했다는 증거였고, 도전의 기록이었다. 용기 있는 자들이 실수도 하고 방황도 한다. 드보르자크가 수많은 좌절과 가난 속에서도 끝내 자신의 선율을 만들어냈듯, LG 트윈스도 매일을 달리고 실패하며 자신들만의 야구를 만들어내고 있었던 것이다. 호락호락하게 1루에 머물러 있지 않았다. 한 베이스를 더 가기 위해 치열하게 달렸다.

비셰흐라드의 벤치에 앉아, 〈유모레스크〉 7번을 들으며 손에 들린 바질 페스토를 내려다봤다. 여전히 따뜻한 온기를 머금은 초록빛이었다. 프라하의 한 가족이 나를 위해 내준 마음이기도 했다. 그 정성의 무게와 드보르자크 음악의 선율, 그리고 수없이 달리고 또 달리던 LG 트윈스의 도전이 어쩐지 한 줄기로 이어지는 듯했다.

그들은 모두 실패를 해봤지만, 어쩐지 포기하지 않은 사람들이었다. 실패를 무릅쓰고 달리고, 쓰러져도 다시 한번 용기를 냈던 이들이었다. 꿈을 향해 달려가는 이들의 모습은 언제나 아름답다.

에이스의 숙명

잠실 야구장에 사이렌이 울린다. 처음에는 낮게 깔린다. 마치 땅 밑 깊숙한 곳에서부터 뭔가가 서서히 치솟아 오르는 소리처럼. 이윽고 울림은 점점 커지고, 마침내 야구장 전체를 뒤덮는 웅장한 진동으로 변한다.

공기의 결조차 달라진 듯한 착각을 불러일으키는 이 사이렌은, 단순한 소리 그 이상이다. LG 트윈스 팬이라면 이 사이렌이 의미하는 바를 안다. 누군가가 경기를 끝내기 위해 나오고 있다는 것. 승리를 수호하기 위해, 마운드라는 이름의 전장으로 한 사람이 걸어 들어오고 있다.

시작은 51번을 등에 단 사나이였다. 봉중근은 사이렌과 함께 모습을 드러냈다. 늘 묵직한 어깨를 들썩이며 천천히, 그러나 주저함 없이 걸어 나오는 그의 모습은 마치 한 편의 영화 같았다. 특히 나는 몸을 살짝 웅크리며 시작하는 봉중근의 투구 폼을 정말 좋아했다. 마치 온몸을 한 점으로 응축시켰다가 풀어내는 활시위 같았다. 좌완 투수가 만들어내는 공의 궤적은 언제나 낯설고 묘하게 각이 져 있었다. 그는 한 경기의 결말을 책임지는 사람이었고, 수많은 팬들의 박동을 끌고 가는 리듬이었으며, 때로는 승리의 문턱 앞에서 모두가 믿을 수 있는 유일한 이름이기도 했다.

그리고 그 이름은 51번 봉중근에서 19번 고우석으로 옮겨 갔다. 사이렌이 울릴 때마다 팬들은 본능처럼 불펜을 바라본다. 팀의 승리를 견인해야 하는 지점, 팀 전체가 기울여온 노력의 무게가 마지막으로 실리는 순간이다. 그는 그 무게를 홀로 짊어지고 마운드로 향한다. 3점 차 이내, 언제든 동점이 될 수 있는 위태로운 경계선 위에 선다. 실투 하나가 모든 걸 뒤엎을 수 있는 긴장 속에서도 마무리 투수는 흔들리지 않고 공을 던져야 한다. 세이브는 상대의 중심 타선이 버티고 있는 순간에도, 상대편 관중의 함성이 가득한 상황에서도, 결국 승기를 지켜내는 투수에게만 주어진다.

그렇게 고작 21살의 고우석이 마운드 위에서 대담하게 지켜낸 승리만 35번이었다. 역대 최연소 30세이브 기록도 갱신했다. 방어율 1.52라는 놀라운 숫자와 함께 그는 '에이스'라 불리기 시작했다. 2022년에는 42세이브를 기록하며 리그 구원왕에 올라섰으며 구단 1시즌 최다 세이브 신기록도 갈아치웠다.

우리의 자랑스러운 에이스.

LG 트윈스 팬이라면 누구도 이 표현에 주저가 없었다. 우리는 고우석이라는 이름을 신뢰해왔다. 그래서 LG 트윈스가 우승을 한다면, 그 마지막 공은 고우석의 손끝에서 던져질 것이라고. 헹가래 투수는 단연코 그일 거라고 믿었다. 아무도 그 사실을 의심하지 않았다.

2023년 11월, 한국시리즈 1차전. LG 트윈스가 무려 21년 만에 진출한 한국시리즈였다. 이 순간만을 오래 기다린 팬들의 얼굴에는 기대와 설렘이 가득했다. 나 역시 상기된 표정으로 잠실 야구장에 앉아 있었다. 경기는 팽팽하게 흘러갔다. 양 팀 모두 쉽게 점수를 내주지 않았고, 분위기는 점점 고조됐다.

2 대 2로 맞이한 9회 초. 사이렌이 울렸고, 그와 함께 고우석이 걸어 나왔다. 여느 때처럼 무던한 얼굴로 마운드에 선 그는 박병

호와 장성우를 잘 막아냈다. 하지만 배정대와의 승부는 길어졌다. 9구까지 가는 승부 끝에 볼넷을 내주고 말았다. 그리고 타석에는 문상철이 섰다. 문상철이 방망이를 크게 휘둘렀고, 타구는 아주 아득하게 날아올랐다. 넘어갈 것 같았다. 아주 찰나였지만 모두가 숨을 죽였다. 좌익수 문성주는 담장을 향해 달렸고, 공은 정확하게 펜스를 때렸다. 담장 밖으로 넘어가진 않았지만, 1루 주자 배정대가 홈까지 들어오기에는 충분한 타구였다. 팽팽하던 스코어는 3 대 2로 균형을 잃고 휘청였다.

그렇게 고대하던 한국시리즈의 참담한 1차전 패배였다. 패전 투수는 고우석이었다. 우리가 그토록 믿었던 에이스의 이름이었다. 집으로 돌아가는 길, 왜 하필 오늘이었을까 하는 생각이 맴돌았다. 왜 한국시리즈 1차전이라는 이 중요한 무대에서 점수를 지켜내지 못한 걸까.

여기저기서 고우석의 폼이 예전 같지 않다는 말, 작년과 다르다는 말, 마무리 투수로서 무게를 버티지 못한다는 말이 들려왔다. 그럼에도 나는 고우석을 마음껏 미워할 수 없었다. 다른 사람들은 몰라도, LG 트윈스의 팬은 알기 때문이다. 그가 지켜낸 수많은 경기들을. 그가 마운드 위에서 던진 치열한 공들을. 그리고 그가 얼마나 이 팀을 사랑하는지를. LG의 소방수라 불렸던 봉중근이 은퇴하던 날, 눈물과 콧물을 쏟으며 흐느끼던 어린 고우석의 얼굴을 우리는 기억한다. 사이렌을 물려받고 세이브를 기록한 날, "중근 선배도 이런 기분이었을까요?" 하며 웃던 앳된 얼굴을 우리는 잊지 못한다.

팬만은 안다. 마무리 투수가 얼마나 큰 부담을 짊어진 채 마운드에 서는지. 승리의 날보다 패배의 날이 더 오래 기억된다는 것을 누구보다 잘 알면서도, 여전히 자기 자리로 걸어 나가는 마무리 투수의 숙명을, 무게와 책임감을. 그래서 미워할 수가 없었다. 스포츠는 결과로 말하고 결과만을 기억하는 세계지만, 팬들은 결코 결과만을 기억하지 않는다. 팬들은 과정도 기억하는 이들이다. 견고하게 지켜낸 수많은 승리들, 사이렌이 울릴 때마다 안심했던 순간들, 어느 위기 상황에서든 자신의 공을 묵묵히 뿌리는 고독한 에이스의 투구는 오직 팬만이 알고 있다.

다음 날 열린 한국시리즈 2차전은 초반부터 분위기가 기운 상태였다. 1회부터 4점을 내줬기 때문이다. 선발투수는 0.1이닝 만에 강판됐고, 이정용부터 시작해서 불펜이 가동되기 시작했다. 이정용, 정우영, 김진성, 백승현, 유영찬, 함덕주가 KT 위즈의 타선을 무실점으로 틀어막았고, 우리는 오지환의 홈런을 시작으로 점수를 내기 시작했다.

4 대 3으로 1점 뒤지고 있는 8회 말, 선두 타자 오지환이 볼넷으로 걸어나갔다. 이어 문보경이 침착하게 희생 번트를 대며 오지환을 2루에 보냈다. 그리고 긴장과 기대가 뒤섞인 분위기 속에서 나온 다음 타자는 박동원이었다. 박동원은 초구를 그대로 받아쳤다. 공은 좌중간으로 높고 깊게 떠올랐다. 그리고 담장을 가뿐하게 넘었다. 역전 투 런이었다. 야구장은 무너질 듯한 환호로 뒤덮였고, 더그아웃에 있던 선수들은 폴짝폴짝 뛰며 열광했다. 2루 주자였던 오지환은 주먹을 불끈 쥐며 홈을 밟았다. 잠실은 그야말로 열광의 도가니였다.

KT 위즈의 투수 교체가 있는 동안, 나는 박동원의 홈런 장면을 다시 돌려봤다. 그리고 아까는 미처 발견하지 못한 장면을 봤다. 경기장 내의 모든 함성이 터지던 순간, 불펜장 한쪽에서 묵묵히 공을 던지고 있는 한 사람의 모습이었다. 그건 바로 고우석이었다.

홈런 타구가 하늘을 가르는 그 순간에도, 그는 담장을 바라보는 것 같더니 곧바로 다시 몸을 돌려 투구를 이어갔다. 아무 일 없었다는 듯 다시 포수 미트를 향해 묵직한 공을 던졌다. 주먹을 들지도, 환호하지도 않았다. 더그아웃에 있는 감독과 코치, 선수 모두가 흥분해서 환호하는 순간에도 고우석이 있던 불펜장만은 고요하고 단단했다. 마치 어떠한 소음도 닿지 않는 곳 같았다. 사실 '엘린이' 출신이었던 고우석은 누구보다 기쁘고 흥분됐을 것이다. 심장도 빠르게 뛰었을 게 분명하다. 하지만 그 순간에도 자신이 지켜야 할 단 1점을 위해 그는 미동 없이 공을 던졌다. 그건, 환호를 가슴에 묻어야만 하는 에이스의 숙명이었다. 나는 그 고독한 그림자를 오래동안 돌려봤다.

9회 초, 사이렌이 울렸다. 그리고 어제의 패전투수였던 고우석이 마운드에 올랐다. 박동원의 홈런으로 얻은 5 대 4의 리드를 지키기 위해 덤덤한 표정으로 걸어나왔다. 첫 타자 김민혁을 헛스윙 삼진으로 돌려세우고, 2번째 타자 조용호마저 루킹 삼진으로 잡아냈다. 구속은 153km/h까지 찍혔다. 다음 타자는 김상수였다. 154km/h 직구로만 승부를 보며 2루수 땅볼로 마지막 아웃카운트를 장식했다.

그렇게 경기는 끝났다. LG 트윈스의 대 역전 승리였다. 이 경기의 주인공은 단연코 역전 홈런을 친 박동원이었다. 하지만 나는 모두가 열광하는 그 순간에 흔들림 없이 9회 초를 준비하던 고우석을 오래 기억하고 싶었다. 결국 그는 LG 트윈스 팬들의 믿음에 보답했다. 여전히 우리들의 에이스임에 틀림없는 모습이었다.

에이스란 그런 존재다. 때로는 무너질 수도 있지만, 그럼에도 다시 믿고 싶게끔 만드는 사람. 위기의 순간, 본능처럼 바라보게 되는 단 하나의 이름. 결국 마지막 공은 에이스에게 돌아간다.

그리고 LG 트윈스가 29년 만에 우승을 거둔 겨울, 고우석은 메이저리그 도전을 선언했다. 그의 오랜 꿈이었기에, LG 트윈스 팬들은 그 도전을 진심으로 응원했다. 사실 그는 한국에, LG 트윈스에 남는 편이 더 안정적이었을지도 모른다. 많은 기록을 세우고, 구원왕까지 받으며 리그를 대표하는 마무리 투수로 자리 잡은 상태였다. 한국에 남아 더 많은 기록을 갱신할 수 있었고, 팬들로부터 가장 큰 박수를 받으며 마운드를 지킬 수도 있었다. 그러나 그는 모든 것을 내려놓고 기꺼이 도전자가 되기로 한다. 우승까지 한 찬란한 순간을 등지고, 불확실한 길을 선택했다. 그건 누가 봐도 험로였다. 하지만 나는 고우석의 그 도전을 보고, 진정한 에이스답다고 생각했다.

"여기서 멈추면 한계 앞에서 멈추는 그런 선수가 될까 봐 자꾸 막 부숴보려고 하는 것 같아요."

고우석은 한 인터뷰에서 이렇게 말했다. 이미 리그에서 자신을 증명해낸 사람임에도, 그는 더 나아가려 했다. 증명의 종착이 아니라, 새로운 질문을 향해. 불확실함과 낯섦, 도전을 택했다. 익숙한 응원, 따뜻한 시선, 보장된 자리를 뒤로하고 도전자를 자처한 것이다. 그러니까 우리는 그를 더 큰 소리로 응원할 수밖에 없다.

 '고우석'이라는 이름은, 더 많은 기록들을 가졌기 때문이 아니라 더 많은 것을 넘으려 하기 때문에 진짜 에이스다. 험로를 달리는 사람만이 가지는 흔들림, 나는 그것을 감히 무너짐이라 말하고 싶지 않다. 그렇기 때문에 고우석은 어디에 있든 우리들의 자랑스러운 에이스임에 틀림없다.

커튼콜의 순간에는
다시마

LG 트윈스가 29년 만의 우승을 차지했던 그 순간, 우리는 오지환의 홈런을, 이정용의 역투를, 박해민의 질주를 떠올렸다. 한국시리즈가 한 편의 연극이라면, 그 순간들은 단연 그라운드라는 무대 위에서 가장 극적인 순간이었음이 틀림없다. 모든 선수들이 그라운드 위로 뛰쳐나왔고 서로를 얼싸안으며 행복해했다. 한국시리즈에서 아쉽게 제 실력을 발휘하지 못했던 선수들도, 4차전을 제외한 매 경기가 접점이었던 탓에 한 타석이나 한 이닝조차 부여받지 못한 선수들도 모두 그라운드 위에서 환하게 웃고 있었.

우리는 그들에게도 우레와 같은 박수를 보냈다. 그건 모두가 행복한, 기분 좋은 커튼콜의 순간이었기 때문이다. 선수들에 이어 코치들과 감독도 그라운드 위에 올라왔다. 화려한 조명 아래가 아닌 그 뒤편에 조용히 서 있던 사람들이었다. 우리의 시선 바깥에 있어 보이지 않았던 무수한 손길들이 비로소 환한 조명을 받는다.

 나는 연극이나 뮤지컬의 커튼콜을 유독 좋아한다. 절정이 지나고 극이 끝나갈 즈음에 오히려 가슴이 두근거려 온다. 마지막 장면이 끝나고 천천히 암전된 무대 위로 다시 조명이 켜진다. 그리고 배우들이 밝은 표정으로 등장한다.

 아주 천천히 켜지는 조명 아래, 조금 전까지 운명의 장난 속에서 눈물 흘리던 주인공과 잔혹한 말을 던지며 주인공을 공격하던 악역이 서로 손을 맞잡고 걸어나와 인사를 한다. 악역은 미안하다는 표정으로 너스레를 떨며 관객들의 환호를 받는다. 심지어 극 중에서 비극적인 죽음을 맞이한 인물까지도 다시 환한 얼굴로 돌아와 가벼운 걸음으로 무대 중앙에 선다. 나는 그것이 단지 극이기에 가능한 일이라는 것을 알면서도 문득 그 마법 같은 순간에 빠져들게 된다.

 그런데 가끔은 커튼콜을 지켜보다가 조금 의아해지는 순간이 있다. '어, 저 사람은 누구지? 아까 나왔었나?' 하고 유심히 바라보게 되는 순간. 이름조차 제대로 알지 못하는, 극 중에선 단지 잠깐 지나쳤던 사람이 무대 한편에서 환히 웃으며 인사를 하는 모습을 본 적이 있다.

사실 극을 보는 동안 우리는 대부분 주인공과 주요 인물들에게만 집중한다. 그들의 대사와 표정, 눈빛 하나하나를 따라가며 몰입한다. 단역들은 극의 흐름 속에 빠르게 녹아들어, 심지어 무대 위의 그림자와 구분되지 않을 때도 있다. 그러나 커튼콜에서는 이야기가 달라진다. 아주 찰나의 순간을 지나쳐 간 조연마저도 강렬한 조명을 받으며 뚜벅뚜벅 무대 위로 걸어나온다. 그 모습을 보며 깨닫는다. 우리가 방금 본 이 극이 얼마나 많은 사람들의 노력으로 완성된 것인지, 얼마나 많은 사람들의 보이지 않는 헌신과 시간으로 채워졌는지를.

물론 커튼콜의 순간에도 무대에 오르지 못하는 사람들이 있다. 그 순간에도 조명을 비추고, 음향을 관리하며, 의상을 정리하는 사람들. 그들이 있기에 비로소 이 극이 완성될 수 있었다.

우리 삶에도 분명히 그런 사람들이 있다. 야구장의 그라운드 위 화려한 스포트라이트를 받는 선수들 뒤에서, 그들의 투구와 타격을 더 빛나게 해주기 위해 조용히 서 있는 사람이 있다. 환호하는 팬들의 시야에선 잘 보이지 않지만, 야구장의 화려한 조명이 꺼진 뒤에도 묵묵히 선수들의 몸과 마음을 보살피는 트레이닝 코치가 그렇다.

프로야구 선수들은 몸이 전부라고 해도 과언이 아니다. 한 시즌 144경기를 뛴다는 것은 엄청난 체력과 정신력을 요구한다. 일주일에 단 하루만 쉬기에 매일 피로와 통증이 누적되기 때문이다. 그럼에도 크고 작은 부상들을 견디고 극복하며 시즌의 끝까지 완주를 해야 한다. 하지만 긴 시즌을 아무런 부상 없이 소화하는 선수들은 드물다. 그렇기에 큰 부상 없이 한 시즌을 보낸 팀이 결국 우승을 할 확률이 높은 것은 당연하다. 2023년의 LG 트윈스가 그랬고, 그 중심에는 김용일 트레이닝 코치가 있었다.

김용일 코치는 투수 코치도, 타격 코치도, 수비 코치도 아닌 트레이닝 코치라는 이름을 한국 프로야구에 처음 정착시킨 사람이다. 그리고 류현진의 메이저리그 시절 전담 트레이너로 활동하며 야구 트레이닝계의 '전설'로 불리기도 했다. 투구와 타격, 수비 등이 기술이라면 트레이닝은 기술의 근원이 된다고 볼 수 있다. 그의 손길 아래 수많은 선수들이 다시 공을 쥐고 배트를 잡을 힘을 얻었다. 그건 오랜 경험과 섬세한 손길, 그리고 무엇보다 선수

하나하나에 대한 진심 어린 마음이 없다면 불가능한 일이었겠다.

선수들의 움직임 하나하나를 지켜보며, 눈에 보이지 않는 미세한 균열까지 감지하는 김용일 코치는 마치 단단한 토대와 같은 존재다. 화려한 플레이가 펼쳐질 수 있도록 견고한 지반을 만들어준다. 아마도 그가 없었다면, 선수들의 영광스러운 순간도 결코 존재하지 못했을 것이다. 그러니까 누군가의 성취와 성공을 묵묵히 뒷받침하며, 자신의 존재를 낮추면서도 끝없이 빛나는 사람이 있다면 바로 김용일 코치겠다.

사실 그런 그에게도 주인공이었던 시절이 있었다. 고등학생 때까지 양궁 선수였던 그는 특기생으로 대학교까지 입학했지만 부상으로 인해 양궁을 포기해야만 했다. 그 후 부상으로 어려운 시간을 보내고 있는 선수들에게 도움이 되고 싶어 트레이너의 길을 선택했다고 한다.

화려한 무대에서 한 발자국 물러났지만, 그는 더 깊은 곳에서, 더 가까운 거리에서 선수들의 고통을 마주했다. 통증으로 인해 공을 제대로 던지지 못해 고개를 떨군 이들에게는 따뜻한 위로를, 부상에서 막 복귀한 선수에게는 조심스러운 격려를, 그리고 아픔을 숨기고 뛰려는 이들에게는 단호한 제동을 건다.

그는 스포트라이트를 받지 않는다. 하지만 선수들이 다시 스포트라이트를 향해 그라운드로 나아가는 길목에서 언제나 가장 먼저 손을 내밀어주는 사람이다. 스포트라이트 뒤편의 그림자에서 묵묵히 제 역할을 하는 사람, 하지만 그가 없다면 우리가 사랑하는 야구도, 눈부시게 빛나는 그라운드 위의 선수들도 존재할 수 없었을 것이다.

어쩌면 김용일 코치는 우리가 일상에서 마주하는 '숨은 주연'의 얼굴을 하고 있는지도 모른다. 생각해보면 우리의 부엌에서도 다른 요리와 함께 어우러질 때 극적으로 풍미를 살려주는 재료들이 있다. 이를테면 다시마가 그렇다.

다시마는 그 자체로는 요리의 주인공이 되기 어렵다. 그러나 다시마를 우려낸 육수는 깊고 섬세한 맛을 만든다. 다시마로 육수를 내서 끓인 찌개와 맹물에 끓인 찌개는 감칠맛부터 다르다. 특별히 두드러지는 존재는 아니지만, 다시마가 없는 육수는 왠지 얕은 맛이 나고 허전하다. 다른 재료들이 자기 맛을 제대로 펼칠 수 있게끔 바탕을 만들어주는 존재, 그게 바로 다시마다.

다시마는 언제나 무대 뒤에 있다. 굳이 앞에 나서지 않지만, 그가 남긴 흔적은 꽤나 진하다. 다시마 육수로 만든 된장찌개를 떠올려본다. 된장의 구수한 맛도 좋고, 두부와 애호박의 조화도 좋지만 그 국물의 깊은 맛을 책임지는 건 단연 다시마다. 없으면 어쩐지 맛이 흐릿해진다. 잔치국수 국물도 그렇다. 다시마와 멸치로 맛을 낸 육수에 삶은 소면을 담고 계란 지단과 종종 썬 볶음 김치를 올린다. 다시마는 이미 자리를 비웠지만 그 풍미만은 국물에 진하게 남아 있다. 그뿐인가. 밥을 지을 때도 쌀 위에 다시마를 1조각 올리면 유독 밥이 찰지고 윤기나게 완성된다. 누군가를 진심으로 도운 사람의 흔적이란 그런 것일지도 모르겠다. 사라져도, 결코 사라지지 않는 것.

그게 바로 트레이너의 일이기도 하겠다. 다시마처럼 자신의 존재를 크게 드러내지 않으면서도, 선수 개개인의 능력을 최대로 이끌어내고 유지할 수 있도록 묵묵히 뒷받침하는 역할. 선수들이 자신의 한계를 넘어선 최고의 퍼포먼스를 낼 수 있게 도와주는 사람.

우리는 승리라는 찬란한 순간을 마주할 때, 그 뒤에 겹겹이 쌓인 보이지 않는 손길들도 떠올려야 한다. 무대 위에 서지 않아도, 진심을 다해 무대를 지탱하는 사람들이 있다는 것.

2023년, 우리는 커튼콜의 순간에서야 그라운드 위에 선 김용일 코치를 봤다. 잠시 잊고 있던 얼굴이었다. 그리고 우리는 알았다. 이 감동의 장면은, 그가 있었기에 가능했다는 것을.

볶음밥을 위한 빌드업
콩나물 불고기

 한 음식에 꽂히면 주구장창 그것만을 먹는 성미는 어린 시절부터 여전했다. 중학생 시절에는 파인애플을 주구장창 먹다가 입천장이 다 까진 적도 있고, 고등학생 때는 엄마가 해준 코다리조림이 맛있어서 일주일 내내 그것만 먹기도 했다. 아마 고등학교 3학년 첫 시험 기간이었던 것 같다. 시험 기간만큼은 저녁 식사 메뉴 선택권이 전적으로 나에게 있었기 때문이다.

 엄마의 코다리조림은 달큰하고 짭조름한 간장 양념에 감칠맛이 그득했다. 말린 명태 특유의 결이 살아 있는 코다리는 푹 조려졌어도 질기지 않고, 젓가락으로 살짝만 눌러도 포슬하게 갈라졌다. 엄마는 그 코다리 사이에 시래기를 듬뿍 넣어줬다. 시래기는 코다리 양념을 머금고 부들부들하게 익었는데, 간장과 고춧가루 양념 속에서도 특유의 구수한 향이 살아 있었다. 코다리를 다 먹고 나면 엄마가 다시 냄비를 가져 가서 밥과 조미김을 부숴 넣고 볶음밥을 만들어줬다. 참기름을 두르고 참깨까지 뿌려서 다시 내 앞에 등장한 볶음밥은 그야말로 환상적인 맛이었다. '이걸 위해 코다리조림을 먹은 거구나'라는 생각마저 들었다.

그날 저녁 코다리조림의 양념까지 볶음밥으로 뚝딱 해치우고 난 나는, 다음 날에도 엄마에게 코다리조림을 부탁했다. 그리고 그다음 날도. 엄마는 시래기가 떨어지자 무를 넣어 조려줬고, 또 어떤 날은 콩나물을 깔아 아삭한 식감을 더했다. 으깨진 무와 함께 어우러진 볶음밥, 아삭한 콩나물이 씹히는 볶음밥도 먹었다.

그렇게 약간씩 버전을 바꾸면서도 일관되게 코다리조림 주간을 이어갔다. 나는 공부를 하고, 코다리를 먹고, 시험을 보고, 또다시 코다리를 먹었다. 공교롭게도 시험 첫날, 가채점한 두 과목이 모두 만점이었다. 집으로 돌아와서 엄마에게 당당하게 외쳤다. "엄마, 오늘도 코다리조림 해줘!" 아빠는 곤혹스러운 표정으로 나를 쳐다보며 나지막히 말했다. "아라야, 네가 세상 코다리 다 멸종시키겠다."

그렇게 일주일 동안 나는 무려 7번의 코다리조림을 먹었다. 어느 순간 아빠는 퇴근길에 저녁 식사를 마치고 들어왔다. 수험생 하나를 키우려면, 온 가족의 희생이 필요한 법이었다.

이렇게 한 음식에 꽂히면 끝장을 보고야 마는 성미는 대학에 가서도 쉽사리 바뀌지 않았다. 그 대상만 바뀌었을 뿐. 그 대상이란 친구를 따라서 우연히 가게 된 작고 평범한 프랜차이즈 매장, '콩불(콩나물 불고기)'이었다. 식당의 이름이자 메뉴였던 콩불. 매장 입구는 벽돌 벽으로 돼 있었고, 문은 선명한 빨간색이었다. 정사각형의 간판에는 '콩불'이라는 글씨가 작고 다소 촌스러운 서체로 새겨져 있었다. 내부는 다소 좁았지만, 좋게 말하자면 아늑했다.

자리에 앉아 콩불을 주문하면, 사장님이 둥근 전골 냄비를 들고 나왔다. 둥그렇게 돌돌 말린 우삼겹이 반듯하게 놓여 있고, 그 중심에는 콩나물이 산처럼 수북이 쌓여 있었다. 불을 켜면 콩나물에서 수분이 나오기 시작하고 냄비 아래에 깔려 있던 양념이 풀어진다. 점점 국물이 붉은 빛을 띠며 바글바글 끓기 시작한다.

기본 반찬으로는 단출하게 깍두기와 미역국이 나오곤 했다. 여름에는 미역국이 미역 냉국으로 바뀌었는데, 나는 그 시원하고 새콤한 미역 냉국을 마실 때 여름이 도래했음을 깨닫곤 했다.

끓는 전골 냄비 위로 김이 피어오르고, 콩나물이 아삭함을 머금은 채 숨이 죽어갈 무렵, 사장님이 지나가며 말한다. 이제 먹어도 된다고.

  기다렸다는 듯이 불고기와 콩나물을 한 젓가락에 집어 입에 넣었다. 우삼겹의 기름과 매콤한 양념, 그리고 콩나물의 아삭한 식감이 입안에서 한꺼번에 퍼진다. 매콤한 소스는 자극적이지 않고 은근한 단맛과 매운맛의 균형이 잘 잡혀 있었다. 콩나물과 우삼겹만으로 만들어진 단순하고 투박한 요리임에도, 전혀 특별할 것이 없는 맛임에도, 그 맛의 감각은 이상할 만큼 또렷하다.

  콩불의 맛에 중독이 된 나는 일주일에 3번씩 매장에 방문을 했다. 우리 학교 앞에는 매장이 없어서, 가까운 다른 학교 앞까지 원정 먹방을 떠나야만 했다. 시험 기간에는 스트레스를 핑계로, 종강하고 나서는 이번 학기도 수고했다는 명분으로, 개강을 하면 경건하게 방학 장례식을 치르자는 의미로 그렇게 콩불을 먹었다.

  얄팍한 인맥을 총동원해 콩불 메이트를 만들기도 했다. 급기야 나와 콩불 매장에 8번 정도 같이 가준 친구는 입에서 콩나물이 나오겠다고 했다. 그래서 어느 순간부터는 혼자 콩불을 먹으러 갔다. 혼자 가면 2인분을 시키고 먹기 전에 반은 덜어 포장을 하는 식이었다. 아무튼 사장님은 나를 보며 매장 알바생보다 더 성실하다고 우스갯소리를 했다. 나는 사장님의 말에 말없이 웃었다. 사장님은 모르시겠죠. 그 당시 나는 학교보다 콩불 매장에 더 자주 가는 학생이었다는 것을…. 혼신의 수강신청으로 학교는 주 2회만 갔으면서, 콩불 매장에는 주 3회 출석했거든요.

하지만 콩불이 그렇게나 맛있냐고 묻는다면, 약간의 고민을 할 것 같다. 솔직히 말하자면 엄청나게 특별한 맛은 아니기 때문이다. 내가 콩불에 중독된 이유는 사실 볶음밥이었다. 그렇다. 나는 콩불을 먹고 볶음밥을 먹는 사람이 아니라, 볶음밥을 먹기 위해 콩불을 먹는 사람이었다.

콩불을 다 먹고 나면 우삼겹에서 배어나온 기름과 콩나물에서 우러난 채수가 양념과 만나며 만들어진 윤기 나는 고추기름이 냄비 바닥에 흥건한데, 그게 바로 볶음밥을 위한 완벽한 빌드업이다. 참고로 우삼겹 두어 점과 콩나물 한두 젓가락을 남겨두면 더 좋다.

그 상태에서 볶음밥을 주문하면 직원이 대접에 밥 1공기를 넣고 잘게 부순 김 가루, 얇게 채 썬 깻잎, 그리고 매콤한 볶음 김치를 올렸다. 그리고 그것을 전골 냄비에 붓고 재빠르게 볶아줬다. '치익' 하는 소리와 함께 센불에서 재빠르게 볶아낸 밥은 고슬고

슬했고, 밥알 하나하나에 고추기름이 쏙쏙 스며들어 있었다. 마지막에는 무심한 듯 참기름을 휘 둘러 마무리하고 가셨다. 그럼 잠시 밥이 눌어붙을 시간을 가진 후, 숟가락으로 긁어 먹는다. 불판에서 지글지글 익던 우삼겹과 콩나물, 그리고 각종 양념들이 고스란히 응축된 뚜렷하고 강렬한 맛이었다. 잔뜩 졸아든 국물에 밥을 볶으니, 사실 맛이 없을 수는 없는 노릇이었다.

 매장에 하도 자주 가다 보니 내가 알바생들보다 볶음밥을 더 능숙하게 볶는 수준에까지 이르렀다. 그래서 알바생이 바쁠 때면 내가 알아서 볶아 먹곤 했다. 그렇게 식사를 마치고 나온 어느 날, 사장님이 따라 나오시더니 진지한 표정으로 물었다. '알바' 해보지 않겠니. 이것도 길거리 캐스팅이라면 길거리 캐스팅이 아닐까. 콩불 매장 앞 길거리, 콩불 알바 캐스팅. 4학년이니 학업의 이유로 정중하게 거절했지만, 그 정도로 나는 콩불의 볶음밥을 좋아했다. 국물이 졸아들 때까지 자리를 떠나지 않는 자에게만 허락되는 그 응축된 볶음밥의 맛을.

 2023년, LG 트윈스의 야구도 콩불의 볶음밥 같았다. 정규 시즌에서 거둔 86번의 승리 중 무려 42번이 역전승이었다. 그러니까, 승리의 절반을 지고 있던 상태에서 경기를 뒤집고 쟁취했다는 말이다.

사실 선발투수들이 불안했기 때문에 초반부터 크게 흔들리며 대량 실점을 하는 경우가 많았고, 공격에서는 무리한 주루사*로 모처럼 잡은 득점 기회를 놓치는 경우가 빈번했다. 물론 출루조차 하지 못하고 삼자범퇴만 거듭되는 지루한 경기도 있었다. 솔직히 그런 날이면 그냥 중계를 끌까 하는 생각도 했다. 그럼에도 2023년 LG 트윈스의 팬은 쉽사리 끌 수 없었다. 그 당시 LG 트윈스의 경기는 6회, 7회부터 시작이었을 정도니까.

점점 졸아들며 맛이 진해지는 콩불처럼, 그리고 볶음밥처럼 후반부로 갈수록 급격히 살아났다. 그래서 몇 점 차로 지고 있든 중계를 끌 수 없었다. 볶음밥의 맛을 아는 사람만이 냄비 위의 양념을 남기듯이, 역전의 맛을 아는 팬들은 경기가 끝날 때까지 포기하지 않았다.

가장 짜릿한 기억으로 남은 역전 경기는 인천문학경기장에서 있었던 SSG 랜더스와의 경기였다. 경기 초반의 LG는 다소 무기력했고, 점수는 이미 0 대 4로 벌어져 있었다. 솔직히 말하자면 중간에 TV를 끄고 싶었다. 오늘은 좀 안 풀리는구나 싶었기 때문이다. 하지만 어쩐지 마음 한구석에선 아직 볶음밥을 먹지 않은 것처럼 찜찜했다.

끝까지는 봐야겠다는 생각으로 꾸역꾸역 중계를 보고 있던 7회 초였다. 그 이닝에만 무려 4점을 몰아치며 동점을 만들어냈다. 그 후 8회, 9회, 10회 그리고 11회까지 양 팀 불펜 투수들은 필사적인 투구를 하며 더 이상의 득점을 허락하지 않았다. 그리고 연장 12회 초 2아웃 상황. 남은 아웃카운트가 단 하나뿐이었다. 여기서 아웃을 당하면 무승부와 패배의 선택지만이 남겨진 상황이었다.

'그래, 무승부라도 해라'라고 생각하는 찰나 문보경의 타구가 시원하게 솟아오르며 우측 담장을 넘어갔다. 믿기지 않는 역전 홈런이었다. 이어서 정주현과 김민성이 투 런 홈런과 솔로 홈런까지 연달아 터뜨리며 승부에 쐐기를 박았다. 그 순간의 쾌감은 오래 졸인 콩불의 양념과 밥이 어우러져 완벽한 볶음밥으로 변모하는 그 짜릿함의 순간과 정확히 일치했다.

이것이 바로 야구의 맛이었고, 내가 콩불에서 볶음밥을 기다리던 이유였다. 냄비 바닥에 눌어붙은 볶음밥을 긁어 먹을 때 느껴지는 깊은 감칠맛처럼, 끝까지 포기하지 않고 지켜본 경기의 역전승은 그 어떤 승리보다 더 깊은 여운을 남겼다. LG 트윈스의 2023년은 그런 경기로 가득했다. 평범한 승리보다도 마지막 순간에 뒤집어지는 짜릿한 역전이 유독 많았던 해였다.

학교를 졸업하고 사회생활을 시작한 이후에는 콩불 매장에 발길이 뜸해졌다. 집 근처에는 콩불 매장이 없었고, 굳이 대학가의 매장에 찾아가서 혼자 식사를 하는 것도 어쩐지 어색하게 느껴졌다. 그러나 나는 여전히 가끔씩 그 짜릿했던 볶음밥의 맛을 떠올리곤 한다. 특히 야구를 보다가 짜릿하게 역전승을 거두는 날이면, 어김없이 콩불의 볶음밥이 생각났다.

그래서 어느 날 직접 콩불을 만들어보기로 했다. 콩불을 만드는 데는 생각보다 꽤 긴 여정이 필요했다. 재료는 우삼겹과 콩나물이 전부였지만 관건은 양념이었다. 너무 달기도 했고, 너무 짜거나 밋밋하기도 했다. 고춧가루와 고추장의 비율을 맞추는 게 쉽지 않았고, 적당한 단맛을 내는 것도 어려웠다. 수차례의 시행착오 끝에 결국 나는 나만의 레시피를 완성했다. 고춧가루, 고추장, 간장, 맛술, 설탕 모두 2큰술, 다진마늘 1큰술, 식당 맛을 내기 위해서 꼭 필요한 다시다 반 큰술까지.

조리법은 간단하다. 팬 위에 콩나물과 우삼겹을 올리고 양념을 넣는다. 그리고 중강불에서 천천히 익힌다. 그러면 콩나물에서 우러난 수분과 우삼겹 기름이 양념과 섞이며 진득한 국물이 돼 자작하게 졸아든다. 한 입 먹으면, 대학 시절 먹었던 그 추억의 맛이다. 하지만 진짜는 콩불을 다 먹은 후부터다. 우삼겹과 콩나물을 조금씩 남겨두고 밥 1공기를 팬 위에 올려 김 가루와 함께 볶는다. 숟가락으로 팬 바닥에 눌어붙은 볶음밥을 긁어 한 입 넣으면, 바삭하면서도 진득하게 응축된 맛이 입안 가득 터진다. 그래, 이 맛을 보기 위해 콩불을 만든 거였어.

우리가 남은 국물에 볶아 먹는 밥을 좋아하는 이유는, 어쩌면 끝까지 자리를 지킨 사람만이 누릴 수 있는 반전의 맛이 거기 있기 때문일지도 모른다. 불 위에서 조용히, 천천히, 꾸준히 졸아드는 양념을 가만히 지켜보다 보면, 처음에는 알 수 없던 농도와 향이 서서히 모양을 드러낸다. 졸이는 시간을 인내하지 않으면 결코 얻을 수 없는 맛의 깊이, 그것이 볶음밥의 본질이다.

콩불을 다 먹고도 냄비 앞을 떠나지 못하는 이유, 마지막 아웃카운트의 순간까지 야구 중계를 끄지 못하는 이유는 모두 같다. 가장 짜릿한 맛은 마지막에 오기 때문이다.

삶은, 계란이다
삶은 계란

내가 고등학생이었을 때, 우리 집의 아침 풍경은 언제나 전쟁터 같았다. 우선 나는 알람이 울리면 끄고, 눈도 제대로 뜨지 못한 채 다시 새로운 알람을 맞추기를 반복했다. 그렇게 미루고 미루다가 '지금 안 일어나면 진짜 큰일 나는 시간'에 겨우 눈을 뜨고 분주하게 교복을 찾아 입었다. 엄마한테 스타킹이 어디 있냐고 물으며, 거울 앞에서 한참 동안 앞머리를 정돈하느라 부산을 떨었다. 그 당시 고등학생의 최대 일탈, 피부가 뽀얗게 되는 토마토 선크림과 니베아 딸기 맛 립밤을 바르고 있으면 엄마가 스타킹을 들고 내 방으로 들어왔다.

"아침밥 먹고 가야지!"

엄마는 언제나 똑같은 말을 했고, 나 또한 늘 똑같은 대답으로 응수했다.

"늦었어. 안 먹어! 그냥 갈래."

"앞머리만 덜 만져도 아침밥은 먹겠다."

이렇게 몇 번의 실랑이를 반복하다 보면, 엄마의 손에는 조그만 한 입 크기의 밥 덩어리가 들려 있었다. 갓 지은 따뜻한 흰쌀밥에 윤기가 반짝였고, 그 위를 감싼 것은 고소한 향이 나는 조미김이었다. 엄마는 바삐 움직이는 나를 졸졸 따라다니며 조미김에 싼 밥을 입가에 들이밀었고, 나는 마치 아기 새라도 되는 것처럼 자연스럽게 입을 벌려 받아먹었다.

어떤 날에는 엄마가 머리를 말려주기도 했다. 엄마는 오목한 연두색 그릇에 계란 2알을 담아 내게 안겨줬다. 내가 일어나기도 전에 삶은 계란은 미지근한 온기를 품고 있었다. 그릇에 계란을 톡톡 두드려 껍데기를 벗기면 탱글탱글한 흰자가 매끄럽게 드러났다. 계란을 반으로 가르면 노른자가 흐트러지지 않은 채 아주 적당히 익어 있었다. 완숙도 아니고 흐르는 반숙도 아닌, 딱 그 중간 어디쯤. 엄마표 삶은 계란은 입안에서 부드럽게 으깨졌고, 고소한 노른자의 맛과 쫀득한 흰자의 식감이 별미였다.

내가 삶은 계란을 까먹는 동안 엄마는 머리를 말려줬다. "넌 누구 닮아서 이렇게 머리숱이 많니" 하고 엄마가 중얼거리면 나는 "엄마 닮았지!"라고 대답했다. 드라이기 소리와 함께 어깨 위로 따스한 공기가 흘러내렸고, 엄마의 부드러운 손길에 졸음이 쏟아지기도 했다. 하루 중 가장 분주한 순간이었지만, 그 잠깐의 시간만큼은 모든 것이 천천히 흐르는 기분이었다.

그러던 어느 아침이었다. 그날도 역시 시간은 촉박했고, 나는 늘 그랬듯이 정신없이 움직이고 있었다. 그러다 눈에 띈 것은 식탁 위에 올라가 있는 계란이었다. 나는 당연히 엄마가 삶아놓은 계란이라고 생각했다. 그래서 휙 집어 식탁 모서리에 툭 하고 내리쳤다. 하지만 예상했던 단단한 탄력감 대신 손가락 끝에는 묘한 물컹거림이 느껴졌다.

그렇다. 삶은 계란이 아니라 날계란이었다. 깨진 껍데기 틈새에서 주르륵 하고 투명한 액체가 흘러내렸다. 눈 깜짝할 사이에 날계란은 나의 교복 소매와 치마 위로 흘렀다. 당황해서 소리를 지르자 엄마는 무슨 일인가 싶어 급히 달려나왔다. 엄마도 오전부터 강의가 있는 날이라서 준비 중이었고, 오늘은 미처 계란을 삶지 못한 것이었다. 날계란을 주르륵 흘리며 난처한 표정을 짓는 내 모습에 엄마는 참지 못하고 터져 나오는 웃음을 손바닥으로 겨우 가리는 듯했다. 나 역시 황당했지만, 엄마가 웃는 모습을 보니 나도 모르게 따라 웃음이 터져 나왔다. 그렇게 바보같이 웃음을 주고받았는데, 생각해보니 웃을 때가 아니었다. 등교 시간이 얼마 남지 않았다.

엄마는 웃음을 참으면서 서둘러 나를 데리고 욕실로 향했다. 급하게 옷을 벗기고 치마에 얼룩진 부분만을 빠르게 비벼서 빨기 시작했다. 블라우스는 여분이 있으니 그걸로 갈아입으라고 했다. 엄마의 손은 놀라울 정도로 빠르고 능숙했다. 내가 안절부절못하며 서 있는 사이, 엄마는 재빠르게 젖은 치마를 드라이기로 말려주고 옷을 다시 입혀줬다. 그리고 엄마 차를 타고 학교에 도착해서, 겨우 지각을 면할 수 있었다.

그로부터 몇 년이 지나고 어른이 된 지금, 가끔 아침이 분주할 때면 그 기억들이 문득 떠오른다. 교복을 입는 것이나 학생주임 선생님에게 걸리지 않기 위해 톤업 선크림을 뭉치지 않게 꼼꼼히 바르는 것 그리고 실빗으로 앞머리를 가지런히 빗는 일도 까마득하게 느껴지지만, 엄마가 싸준 투박한 김밥과 따스한 삶은 계란은 마치 어제 일처럼 생생하다. 그래서 엄마한테 전화를 걸어 계란을 몇 분 삶아야 하냐고 물었다. 엄마는 7분 30초에서 45초 정도라고 애매하게 대답했다.

전화를 끊은 다음, 냄비에 물을 붓고 소금을 넣은 뒤, 조심스레 계란 서너 알을 넣었다. 시계를 보며 엄마가 알려준 시간만큼 기다리고, 한숨을 돌린 뒤 계란을 꺼냈다. 껍질을 톡톡 두드려 깨고, 계란을 반으로 갈랐다. 그러자 노른자가 주르륵 흘러내렸다. 실패다. 엄마에게 다시 전화를 걸었다.

"엄마, 완전 실패야. 노른자가 주르륵 흘러내리는데?"

"너, 혹시 물이 끓기 전에 계란 넣었니?"

엄마는 귀신같이 내 오답의 원인을 찾아냈다. 다시 전화를 끊고 물을 올렸다. 물이 바글바글 끓을 때까지 기다렸다가 계란을 넣으려고 했다. 그런데 물이 너무 뜨거운 게 아니겠는가. 나도 모르게 계란을 던지듯 넣어버렸다. 연약한 날계란은 그대로 깨져버렸고 냄비에는 흰자와 노른자가 둥둥 뜨며 익어갔다.

계란 하나 삶는 게 왜 이렇게 힘들어. 삶은, 계란이다. 힘드니까. 시행착오를 겪어야 비로소 성공적인 삶은 계란으로 거듭나는 거니까. 물론 나는 거기서 포기했다. 그냥 엄마한테 해달라고 해야지.

계란을 1판 사서 부모님 집으로 향했다. 엄마는 다짜고짜 계란을 들고 침입한 딸을 반갑게 맞아줬다. 계란 삶기에 실패한 것을 눈치 챈 듯했다. 엄마는 냄비에 물을 올렸고, 굵은 소금을 풀었다. 그리고 물이 끓기 시작하자 국자에 계란을 1알씩 올려 조심스레 냄비 안에 넣었다. 아, 이런 방법이 있었구나. 역시 사람은 도구를 사용해야 하는 거구나. 엄마는 아, 하고 서 있는 나를 보고 바보냐고 했다.

냄비 속 물은 어느새 보글보글 소리를 내며 끓어오르기 시작했다. 계란들은 서로를 가만히 스쳐가기도 하고, 때로는 톡톡 부딪히며 냄비 안에서 둥글게 둥글게 굴러다녔다. 엄마는 타이머도 쓰지 않고, 그저 국자로 계란을 천천히 굴려주기만 했다.

"엄마, 계란끼리 부딪혀서 깨지면 어떡해? 그리고 너무 오래 삶는 거 아니야?"

나의 잔소리에도 엄마는 태연했다. 그렇게 시간이 얼마나 지났을까. 엄마는 별안간 국자로 능숙하게 계란을 건져 찬물을 끼얹었다. 계란 위로 수증기가 희뿌옇게 피어올랐다. 엄마는 계란 하나를 집어 내 손에 쥐여줬다.

"자, 한번 까봐."

식탁 위에 삶은 계란을 톡톡 쳐서 껍데기를 까자 매끄러운 흰자 속에서 황금빛의 노른자가 모습을 드러냈다. 흐르지 않으면서도 퍽퍽하지 않은, 그 완벽한 노른자를 보며 나는 탄성을 질렀다.

"엄마, 이거야. 이게 내가 원하던 삶은 계란이야."

분명 날계란을 사올 때는 깨질까 봐 두 손으로 조심스럽게 다뤄야 했는데, 완벽히 삶아진 계란은 식탁 위에 힘줘서 내려쳐도 쉽게 박살나지 않았다. 고작 몇 분 삶았다고 이렇게 물성이 바뀐다고? 새삼스레 신기하게 느껴졌다. 나는 삶은 계란을 이리저리 굴리며 만지작거렸다. 엄마가 그 모습을 보며 말을 했다.

"계란은 삶아야 단단해지는 거야. 적당한 열을 견디고, 충분한 시간을 지나면서 말이야. 그렇게 단단해진 거지."

그러면서 엄마는 삶은 계란 여러 개를 정성스레 비닐봉지에 담아 내게 건넸다. 가져가서 아침에 학교 갈 때마다 먹으라는 거였다. 엄마의 손에서 내 손으로 건네진 삶은 계란은, 이제 더는 깨질 염려가 없었다.

집으로 돌아와 삶은 계란을 까먹으며 야구 경기를 틀었다. 화면 속 마운드 위에는 정우영이 올라와 있었다. 그는 주자를 볼넷으로 내보내더니 도루까지 허용하고 말았다. 결국 안타를 맞으면서 실점까지 기록했다. 결국 이닝을 지켜내지 못하고 강판되었다. 2022년 홀드왕의 모습은 없었다. 155km/h까지 찍히던 강력한 투심과 날카롭게 꺾이던 그의 공들은 예전의 위력을 잃은 듯했다.

나는 계란을 한 입 베어 물며 강판돼 더그아웃으로 들어간 그를 바라봤다. 데뷔 시즌부터 16홀드를 기록하며 화려하게 등장한 그는 신인왕을 거머쥐었다. 이병규 이후 22년 만이었다. 데뷔 이후 5년 연속 두 자릿수 홀드를 기록하며, 위기의 순간마다 마운드에 올라 땅볼을 유도하는 믿음직한 투수였다. 타자의 몸쪽으로 기묘하게 휘어 들어가는 투심 패스트볼*은 타자들의 헛스윙을 유도하는 그의 시그니처였다. 우리는 정우영이 올라올 때마다 안도감을 느끼곤 했다.

그러나 2023년부터 그는 이상하게도 조금씩 흔들리기 시작했다. 피안타율은 높아졌고, 그가 마운드에 오르면 예전과 같은 편안함이 아닌 불안함을 느끼게 됐다. 당연히 당황스러웠다. 그토록 압도적이었던 구속과 구위가 무색하게 공은 번번이 타자들의 배트를 피해 가지 못했다. 피안타율, 피장타율이 높아졌고 수술을 해야 한다는 이야기가 어렴풋이 들려왔다.

정우영은 조금이라도 빠르게 다시 마운드에 오르기 위해서 한국시리즈 우승의 여운이 채 가시기도 전에 팔꿈치의 뼛조각을 제거하는 수술을 받았다. 한국시리즈 우승 이틀 뒤에 곧바로 수술을 한 거였다. 그리고 재활을 하면서도 피부가 마치 훈제란처럼 까맣게 탈 정도로 훈련에 매진하며, 스스로를 단단하게 담금

질했다. 어느덧 2025년의 지금, 아직 그는 예전과 같은 눈부신 모습으로 돌아오지는 못했다. 그러나 우리는 어렴풋이 느끼고 있다. 마치 지금 이 순간 삶아지고 있는 계란처럼, 그는 여전히 뜨거운 물 속에서 끓고 있는 중이라는 것을.

지금의 그에게 필요한 것은 어쩌면 적당한 열과 충분한 시간일지 모른다. 계란이 물 속에서 흔들리며 부딪히고 굴러다니면서도, 결국 그 과정을 견뎌내고 단단해지듯 그 역시도 이 시간들을 견디며 묵묵히 단단해지고 있는 중일 것이다.

계란이 삶아지는 동안 부딪힘을 겪으며 단단한 껍데기와 부드러운 속을 갖추는 것처럼, 사람도 인생의 과정에서 수많은 충돌과 시행착오를 거치며 더 단단해지는 것이 아닐까. 그래서 우리는 때때로 뜨거운 물 속에서 삶아지고 흔들리는 시간을 겪어야만 하는 것이 아닐까.

나는 다시 삶은 계란의 껍데기를 까며, 조용히 그를 응원한다. 지금의 흔들림과 부딪힘은 분명 그를 더 단단하게 만들어줄 것이다. 충분한 열을 견디고 시간이 흘러 삶아진 계란처럼, 정우영 역시 더 강하고 더 단단한 투수로 다시 마운드 위에 서게 될 거라고 믿는다.

야구는 그렇게 계란을 삶는 일과 닮아 있다. 충분히 끓는 시간을 견뎌낸 선수만이 다시 빛날 수 있다는 점에서 말이다. 그래서 나는 기다린다. 그가 다시 마운드에 올라서, 환상적인 투심을 던지며 우리의 마음을 뜨겁게 달굴 그날을. 그렇게 삶아지고 단단해져서 다시 한번 강해진 모습으로, 정우영은 반드시 돌아올 것이다. 그가 충분히 삶아질 때까지, 나는 계란을 삶듯 그렇게 기다릴 준비가 돼 있다. 삶은, 계란과 같으니까.

야구에 만약이 있다면

 내가 이별을 가장 많이 경험한 장소는 다름아닌 야구장이다. 그라운드 위에서 몇 명의 선수를 떠나보냈을까. 손가락을 접어가며 세어보면 10개가 마냥 부족하다. '회자정리'라는 말도 있듯 만났으니 헤어지는 것은 당연한 순리임에도, 야구장에서의 이별은 그리 간단하게 받아들여지지 않는다.

 그건 아마도 우리가 선수의 야구 인생을 함께했기 때문일 것이다. 고개를 푹 숙이고 더그아웃으로 들어가는 날엔 괜히 같이 고개를 떨궜고, 위기에서 팀을 구해낸 순간에는 나도 함께 숨을 멈췄다가 내쉬었다. 삼진을 잡고 포효하던 장면에선 나도 함께 소리를 질렀다. 어떤 날은 나에게 희망을 줬고, 어느 날은 기어

코 절망하게도 만들었다. 그 여정의 전부를 함께했고, 희로애락을 목격했기에 야구장에서의 이별은 유독 힘들다. 우리는 더 이상 그들이 마운드에 오르거나, 1루까지 전력질주하는 모습을 보지 못한다.

사실 이별이 멀지 않았다는 걸, 우리도 이미 알고 있기 마련이다. 공의 날카로움이 예전과 같지 않고, 1루까지 질주하던 발걸음이 조금씩 늦어질 때 눈치채게 된다. 아, 이제 정말 그 시간이 다가오고 있구나. 하지만 그걸 쉽게 인정하고 싶진 않다. 괜찮을 거라고, 다시 예전처럼 던질 수 있을 거라고 주문을 왼다. 하지만 스포츠와 기록은 생각보다 냉정하다. 기록은 감정을 배려하지 않고, 헌신을 기억해주지 않는다. 이별은 예고 없이 찾아오는 게 아니라 사실 아주 천천히, 잔인할 만큼 명확하게 다가오는 거였다.

19경기에서 5승 8패, 4.51의 평균 자책점*. 사실 이 기록만 본다면 훌륭한 용병 투수는 아니다. 하지만 그 기록의 주어가 케이시 켈리이기에 마냥 냉정히 판단하기는 쉽지 않았다. '해준 게 얼만데'라는 생각이 들기 마련이었다. 소위 야구 팬들이 말하는 '해얼' 말이다.

우리가 이 단어를 입에 올리는 이유는, 그 선수의 찬란했던 순간을 선명히 기억하고 있기 때문일 것이다. 지금의 부진을 부정하고 싶을 정도로. 타오르는 열정으로 마운드에서 공을 던진 선수, 몸을 아끼지 않고 승리를 쟁취한 선수. 몇 번의 완봉승과 완투승 그리고 75게임 연속 5이닝 이상 투구라는 전무후무한 기록의 보유자. 꾸준함의 대명사가 된 선발투수. 내가 사랑하는 LG 트윈스의 순간에는 늘 켈리가 있었다.

그러니까, 해준 게 얼마냐고? 감히 계산할 수 없다. 가슴 벅차도록 행복했던 기억들을 어떻게 '얼마'로 산정할 수 있겠는가.

켈리가 우리에게 해준 것이 얼마인지 계산할 수 없는 것처럼, 켈리 또한 모든 것이 숫자로 판단되고 증명되는 스포츠 세계에서 다소 계산적이지 못했던 선수였다. 누군가는 그에게 어리석다 말할 정도로, 그는 팀을 위해 자신을 희생했다. 불펜 투수 가용이 어려울 때는 삼진이 아닌 맞춰 잡는 피칭으로 긴 이닝을 책임졌고, 순위 싸움이 치열할 시기엔 출산 휴가마저 포기하며 멀리 떨어진 타국에서 아내의 출산 소식을 들어야 했다. 심지어 15승을 거둔 다음 해에는 구단의 재정 상황을 고려해 연봉을 자진 삭감하기도 했다. 투수에게 어깨가 소모품임을 알면서도 29년 만의 우승을 앞둔 코리아시리즈에서 사흘 휴식 후 다시 마운드에 오르겠다는 말을 주저 없이 꺼내는 선수였다.

그랬기에 켈리와의 이별은 유독 낯설고 어려웠다. 어쩌면 그가 조금만 덜 헌신적이었거나, 조금만 더 자신을 먼저 생각했더라면 이렇게 슬프진 않았을지도 모른다.

우리는 켈리의 방출 소식을 켈리가 선발투수로 등판이 예고돼 있던 바로 그 당일 아침에 알게 됐다. 이별을 준비할 시간은 단 하루였다. 켈리는 자신의 방출이 확정된 것을 알면서도 자진해서 등판했다. 이 선택마저도 켈리다웠다. 어쩌면 차분히 짐을 꾸리고 한국을 떠날 준비를 하는 것이 더 합리적이고 편안한 선택이었을지도 모른다. 그러나 켈리는 그 마지막 순간마저도 팀을 생각했고, 방출을 통보받은 투수로는 다소 이해하기 어려운 결정을 내렸다. 솔직히 말하면 켈리가 조금 더 이기적이었으면 좋겠다고 생각한 적도 있었다. 그랬다면 지금 이 이별의 순간이 덜 아팠을지도 모르기 때문이다.

1회 초, 마운드 위에 켈리가 올라왔다. 켈리는 한 구, 한 구 자신의 모든 것을 담아내는 듯 힘차게 공을 던졌다. 우리는 켈리가 공을 던질 때마다 환호를 보냈다. 라인업 송을 부를 때는 "선발투수, 켈리!"를 가장 큰 목소리로 외쳤다. 우리가 마지막으로 부르는 선발투수, 켈리의 라인업 송이었다.

이날따라 타자들의 방망이가 뜨겁게 달아올랐다. 평소 켈리는 득점 지원이 턱없이 부족한 투수였는데, 이날은 오스틴의 홈런과 문보경의 백투백 홈런까지 터졌다. 아마도 타자들 역시 켈리가 마지막 등판만큼은 편하게 마운드를 지킬 수 있기를 바랐던 모양이다.

문득 떠올랐다. 오스틴이 한국에 빠르게 적응한 건 켈리와 그의 가족들이 있었던 덕분이라는 사실이. 오스틴뿐만 아니라 LG 트윈스를 거쳐 간 많은 외국인 선수들이 켈리 가족의 따뜻한 도움을 받으며 한국 생활에 적응했다고 한다. 그러니까 우리는 오스틴의 헌신적이고 진심 어린 모습에서, 종종 켈리를 떠올릴 것이다. 마치 켈리의 한국 적응을 도왔던 윌슨을 우리가 종종 기억하는 것처럼. 그가 남기고 간 사랑과 헌신의 흔적은, 이곳 LG 트윈스의 그라운드 위에 오랫동안 남아 있을 것이다. 사랑은 힘이 세니까.

그때였다. 경기 전부터 흐렸던 하늘에서 빗줄기가 쏟아지기 시작했다. 빗물 때문에 시야가 흐릿해질 때마다 마음도 자꾸 조급해졌다. 신민재는 볼넷을 얻어낸 이후 1루로 어느 때보다 빠르게 내달리며 경기 진행을 조속히 하려 했다. 하늘을 가득 채운

먹구름이 마치 다가오는 이별을 알리는 전조처럼 보였다.

이별의 순간은 예고 없이 찾아왔다. 물론 이날 비는 예보에 있었지만, 아침에 갑작스레 발표된 켈리의 고별 등판은 누구도 미리 알려주지 않았다. 우산을 챙기지 않았는데 갑자기 맞닥뜨린 폭우처럼 당황스러웠다. 야속하게도 빗방울은 점점 굵어졌고, 결국 심판이 경기를 중단했다. 평소 같았으면 비를 피해 빠르게 더그아웃으로 들어왔을 선수들도 그라운드에서 발을 쉽게 떼지 못했다. 세차게 내리는 비를 맞으면서도 머뭇거리기만 했다. 팬들도 마찬가지였다. 차마 발걸음을 떼지 못하고 허망하게 앉아 있었다. 나도 숨죽인 채 비를 맞았다. 이곳을 떠나면, 진짜 마지막이 될 것만 같았기 때문이다.

비는 계속 쏟아졌고 그라운드는 진창이 돼갔다. 낭만浪漫이란 말은 물결 낭浪에 질펀할 만漫을 쓴다. 질펀한 물결을 애써 막지 않고 기꺼이 잠겨 부유하는 것이 낭만이라면 낭만이겠다. "잠겨 죽어도 좋으니, 너는 물처럼 내게 밀려오라"는 어느 시의 구절처럼, 팬들은 시야가 흐려질 정도로 거센 빗속에서도 아랑곳없이 묵묵히 켈리만을 기다렸다. 그것이 우리가 켈리에게 줄 수 있는 마지막 낭만이었다.

조금이라도 빗줄기가 약해지면 "경기합시다!"라는 간절한 목소리가 들려왔다. 켈리는 우천 중단이 된 상황에서도 불펜장에서 계속해서 공을 던지며 몸을 풀고 있었다. 비가 그치면 당장에라도 마운드 위로 뛰어 올라갈 기세였다. 우리는 온몸이 젖은 채 켈리를 연호하기도 하고, 비구름의 행방을 살피기도 했다. 비가 잦아들 무렵, 구단의 직원들과 응원단장까지 나서서 필사적으로 그라운드를 정비했다. 그 어느 때보다 많은 인원이 스펀지를 들고 그라운드에 내려와 일사천리로 빗물을 걷어냈다. 이 비가 그치면 다시 경기를 재개할 수 있을 거라는 희망 하나로 모두가 움직였다. 그런데 다시 하늘은 미친 듯이 비를 쏟아내기 시작했다. 하늘도 무심했다. 어느새 나는 울고 있었다.

경기는 결국 우천 취소가 되었고, 켈리는 LG 트윈스의 마운드에 다시 오르지 못했다. 자신을 닮은 뜨거운 햇살 아래에서 박수받으며 떠나길 바랐던 켈리를, 우리는 차갑게 쏟아지는 빗속에서 서툴게 보내야만 했다. 켈리의 마지막 등판은 영원히 미완으로 남은 것이다. 노 게임이 돼서 아쉽지만, 시작됐고 끝나지 않은 경기이기에 켈리의 피칭은 우리의 기억 속에서 계속되는 거라고 생각했다. 켈리는 언제나 LG 트윈스의 팬들이 최고라고 말해줬지만, 사실 우리가 최고의 팬일 수 있었던 건 그처럼 헌신적이고 훌륭한 선수를 응원했기에 가능한 것이었다.

이별을 아쉬워하는 건 팬들만이 아니었다. 상대 팀인 두산 베어스 선수들도 다가와 따뜻한 인사를 건넸다. 정수빈, 허경민 선수도 켈리 앞에서 한동안 발을 떼지 못하고 여러 번 다독이는 듯했다. 어쩌면 그들도 팀에 헌신했던 외국인 선수를 보내본 경험이 있기에 이 순간의 마음을 누구보다도 잘 이해했을 것이다.

두산 베어스 선수들의 배웅을 받고 LG 트윈스 선수단으로 돌아온 켈리는 결국 참았던 눈물을 흘렸다. 늘 강인하고 단단해 보이던 그가 우는 모습을 보니 나를 포함한 많은 팬들도 참았던 눈물을 터뜨렸다. 우승할 때조차 눈물을 보이지 않았던 김현수도 눈물을 참지 못했고, 평소 든든하게 켈리의 뒤를 지키던 박해민과 퍼펙트 게임*이 깨졌을 때 누구보다 아쉬워했던 박동원도 펑펑 울고 있었다. 오지환과 켈리, 팀이 어려울 때마다 난세의 영웅이 돼준 그들도 함께 울고 있었다.

경기가 취소된 걸 알면서도 팬들은 눈물을 흘리며 절절하게 다시 경기를 하자고 외쳤다. 솔직히 우리는 아직 켈리를 보낼 준비가 되지 않은 것 같았다. 우리의 이별은 너무나도 미숙하고 서툴었다.

생각해보면 참 이상한 날이었다. 켈리가 등판했는데도 타자들이 득점을 많이 냈고, 비가 거세게 내렸는데도 아무도 경기장을 떠나지 않았다. 비가 그치자마자 직원들과 응원단장까지 급히 내려와 그라운드를 정리하는 모습도 평소와 달랐다. 모든 게 이상했지만 단 하나, 켈리만큼은 우리가 알던 그 케이시 켈리 그대로였다.

야구에는 만약이 없다고들 한다. 야구에 '만약'이 붙으면 어느 팀이나 우승을 할 수 있고, 그 어떤 선수도 실패하지 않을 거라고. 그러나 이상하게도 우리는 이별 앞에서만큼은 끝없이 '만약'을 붙이게 된다. 사실 만약이라는 단어는 현실을 바꿀 수 없을 때 쓰는 가장 무력한 단어라는 걸 알고 있다. 하지만 그럼에도 우리들은 사랑한 것을 떠나보낼 때면 필사적으로 만약을 되풀이한다. 만약이라는 그 단어 안에, 지금은 존재하지 않는 과거의 모든 가능성을 끌어모아 담는다.

만약 켈리가 그토록 팀에 헌신적이지 않았다면 이렇게 가슴 아픈 이별은 아니었을지 모른다. 만약 타자들이 평소에도 득점 지원을 잘해줬다면, 켈리가 조금 더 편안하게 던지지 않았을까. 그러면 승수도 더 많이 쌓을 수 있지 않았을까. 만약 지난 6월, KBO 역사상 최초로 퍼펙트 게임을 달성했다면 이번 시즌까지는 함께할 수 있었을지도 모른다. 아니, 만약 켈리가 떠나는 날에 비가 많이 내리지 않았다면, 빗물이 아닌 따스한 햇살 아래에서 그를 보낼 수 있었다면 덜 속상했을까.

 우리가 야구를 사랑하고 야구를 통해 사랑했던 이들을 떠나보내는 한, '만약'이라는 2글자는 영원히 사라지지 않을 것이다. 가능성이 사라진 자리에서 '만약'을 끌어안고 살아가야 하는 것이 야구 팬의 숙명인지도 모른다.
 야구에 만약이 있다면, 우리는 더 오래 함께할 수 있었을 것이다. 적어도 켈리의 마지막 등판이 비로 지워지진 않았을 것이다. 우리는 그의 투구를 뜨거운 박수로 감싸안았을 것이다. 그는 비에 젖은 유니폼 대신 햇살을 머금은 유니폼을 입고 마운드에서 내려왔을 것이고, 우리는 눈가를 훔치면서도 더 환하게 웃었을 것이다. 그렇게 이별이라는 장면은 조금 더 다정하고, 조금 더 단정하게 마무리됐을지도 모른다.
 이렇게나 무수한 '만약'이 존재하는 이유는, 사랑이 너무도 컸기 때문일 것이다. 야구에 만약은 없다지만, 야구를 사랑하는 한 우리는 만약을 버리지 못할 게 분명하다. '만약' 뒤에 붙은 모든 가정들에는 우리가 가장 사랑하는 이름이 있다.

부록
책 속의 야구 용어

가을야구	프로야구 정규 시즌이 끝난 후 상위 팀들이 최종 우승 팀을 가리기 위해 치르는 포스트시즌. 주로 10~11월에 열린다.
강견	힘이 센 어깨를 뜻하며, 야구에서 공을 멀리 던질 수 있는 선수에게 붙는 수식.
강판	투수가 부진하거나 감독의 지시로 경기 도중에 마운드에서 내려오는 일.
거포	큰 대포를 의미하며, 야구에서는 홈런을 많이 치는 강한 타자를 부르는 말.
견제구	주자가 있는 베이스로 투수가 공을 던져 도루를 저지하거나 주자를 아웃시키는 것.
고의사구	투수가 고의적으로 볼넷을 유도해 타자를 1루로 보내는 전략.
구원투수	선발투수가 마운드를 내려간 후 등판해 팀의 승리를 지키거나 위기를 수습하는 역할을 하는 투수.
구위	투수가 던진 공의 위력. 공의 속도나 회전수 등 다양한 요소를 종합적으로 고려한다.
끝내기	9회 말 또는 연장전에서 홈 팀이 점수를 내는 경우, 경기가 바로 끝나기에 소위 '끝내기'라 부른다.
낫 아웃	포수가 3번째 스트라이크를 받지 못했을 때 아웃으로 인정하지 않고 타격으로 간주하는 것.
네이비석	잠실종합운동장 야구장에서 가장 높은 자리에 위치한 지정석.
노히트 노런	투수가 9이닝 동안 안타와 실점을 모두 허용하지 않고 이긴 경기.

대수비	정해져 있던 수비수를 대신해서 수비하는 선수.
대주자	출루한 주자를 대신해서 누상에 나서는 선수. 주로 주력이 빠른 선수로, 도루를 하기 위해 출전하는 경우가 많다.
대타	순번으로 정해져 있던 타자를 대신해서 타석에 나오는 선수. 중요한 공격 상황에서 출전하는 경우가 많다.
더그아웃	선수들이 경기 중 대기하는 공간. 장비를 보관하거나 휴식을 취한다.
도루	주자가 수비 팀의 허점을 이용해 다음 베이스로 진루하는 행위.
드래프트	신인 선수를 공정하게 선발하는 제도. 각 팀이 정해진 순서에 따라 선수를 지명한다.
라뱅	LG 트윈스의 영구 결번 이병규의 선수 시절 별명. 라면을 사러 가는 것처럼 타구 판단을 여유롭게 하면서도 수비를 잘한다는 의미로 붙였다.
라인업	타순과 포지션을 적은 출전 선수 명단..
롱 릴리프	선발투수가 일찍 강판됐을 때 2~4이닝 동안 공을 던지며 긴 이닝을 소화하는 불펜 투수.
루킹 삼진	타자가 배트를 휘두르지 않고 스트라이크 판정을 받아 삼진당하는 경우.
메가 트윈스 포	LG 트윈스가 주로 8점 차 이상으로 대승을 거두는 경기.
무사	아웃이 없는 상황.
밀어내기	만루 상황에서 타자가 사사구 등으로 진루권을 획득해서 출루할 경우, 3루 주자가 홈으로 밀려나 득점하는 것.

백투백 홈런	2명의 타자가 연속으로 홈런을 치는 상황.
번트	타자가 배트를 스윙하지 않고 공에 가볍게 대서 내야에 천천히 구르게 하는 기술. 누상의 주자를 한 베이스 진루하게 하는 작전 중 하나다.
볼넷	사구(四球)라고도 부르며, 투수가 타자에게 볼로 인정되는 공을 4번 던진 것. 공이 스트라이크 존을 벗어나고 타자가 해당 공에 스윙을 하지 않았을 때 볼로 판정된다.
불펜 투수	선발투수를 제외한 구원투수. 선발투수 교체나 특정 상황 대응을 위해 투입된다.
블론 세이브	세이브 상황을 지켜내지 못한 것. 구원투수가 상대 팀에 동점이나 역전을 허용해서 팀의 리드를 지키지 못한 상황을 말한다.
빈타	안타를 잘 치지 못하는 상황.
사구(死球)	투수가 던진 공에 타자가 맞았을 경우.
사사구(四死球)	볼넷과 사구를 합쳐 부르는 말.
사이드 암	팔을 지면과 거의 평행하게 휘두르며 공을 던지는 투구법.
사이클링 히트	한 타자가 한 경기에서 단타, 2루타, 3루타, 홈런을 모두 기록하는 것.
삼자범퇴	1이닝에 타자 3명이 출루하지 못하고 연달아 아웃되는 일.
삼진	타자가 스트라이크 3번으로 아웃되는 것.
세이브	구원투수가 팀의 승리를 지키고 경기를 마무리한 상황.

셋업맨	마무리 투수 전에 등판해 1~2이닝을 소화하는 구원투수.
스리 런	출루한 주자 2명이 홈으로 들어와 총 3점을 얻는 홈런.
3피트 라인	각 베이스 사이에 주자가 달릴 수 있는 90cm 정도의 공간.
스윕패	한 팀이 상대 팀과의 3연전에서 모두 패배한 경우.
슬라이더	그립과 스냅을 이용해 공에 회전력을 줌으로써 날아가다가 횡방향으로 급격히 꺾이는 공.
신고 선수	드래프트 지명을 받지 못한 선수가 테스트를 거쳐 구단과 계약을 맺는 경우. 정식 선수와 달리 연봉과 계약금에서 불이익을 받으며 출전 기회도 적다.
싱커	직구처럼 보이다가 타자 앞에서 갑자기 가라앉는 특성을 가진 공.
아웃카운트	한 이닝 동안 공격 팀이 당한 아웃의 수.
안타 페이스	한 타자가 1시즌에 몇 개의 안타를 달성할 수 있는지 환산해서 보여주는 지표.
업셋	약팀이 예상을 뒤엎고 강팀을 상대로 승리하는 것.
역전타	상대 팀에 뒤지고 있을 때 득점해 상황을 역전시키는 타격.
역투	투수가 최대한의 힘으로 공을 던지는 것.
엔트리	경기 출전을 위해 등록된 선수들의 리스트.
엘롯라시코	LG 트윈스와 롯데 자이언츠의 경기를 일컫는 용어. 축구 레알 마드리드와 바르셀로나의 경기 '엘 클라시코'를 패러디한 것이다.

올스타전	시즌 중반에 리그에서 뛰어난 활약을 보인 선수들끼리 팀을 이뤄 경쟁하는 이벤트성 경기.
완봉승	투수가 상대 팀에 1점도 허용하지 않고 승리한 경기.
완투승	선발투수가 구원투수 없이 9이닝을 모두 던지고 승리한 경기.
외인 타자	외국 국적의 타자를 부르는 말.
워닝 트랙	야구장 펜스 바로 앞에 흙으로 구분된 지역.
원팀맨	한 팀에서 현역 생활의 전체를 보낸 선수.
이닝	양 팀이 공격과 수비를 1번씩 완료하는 단위. 한 경기는 보통 9이닝으로 구성된다.
적시타	누상에 주자가 있을 때 득점을 이끈 안타.
좌완 투수	왼팔로 공을 던지는 투수.
주루사	주자가 다음 베이스로 달리다가 아웃되는 것.
준플레이오프	플레이오프 진출 팀을 결정하는 경기.
지명 순번	드래프트에서 구단이 선수를 선택하는 순서.
창조 병살	공격 팀의 실수나 수비 팀의 운으로, 주자 2명이 동시에 아웃되는 상황.
체인지업	패스트볼과 유사한 동작이지만 속도를 줄여 타자를 착각하게 하는 공.
초구	투수가 타자에게 처음 던지는 공.

콘택트력	투수가 던진 공을 배트에 정확한 지점에 맞춰 타구로 연결하는 능력.
콜업	2군에서 뛰는 선수를 1군 엔트리에 포함시키는 것.
퀄리티 스타트 플러스	선발투수의 경기 기여도를 평가하는 지표 중 하나. 7이닝 이상 투구하고 자책점을 3점 이하로 기록한 경우.
클러치	경기 후반, 점수 차가 적고 주자가 득점권에 있는 등 팀의 승패에 큰 영향을 주는 중요한 순간.
클리닝 타임	경기 5회 말 후 경기장을 정비하는 3~5분 정도의 시간.
키스톤 콤비	내야 수비의 핵심인 2루수와 유격수를 함께 부르는 용어.
타격전	투구보다는 타자의 공격이 주를 이뤄 진행되는 경기.
타점	타격의 결과로 주자가 득점했을 때 기록되는 점수.
투수전	타격보다는 투수들의 뛰어난 피칭이 주를 이뤄 진행되는 경기.
투심 패스트볼	공의 실밥 2개에 손가락을 걸쳐 잡고 던지는 빠른 공.
패전 처리 투수	이길 수 없는 경기라고 감독이 판단할 때 남은 이닝을 적당히 처리하기 위해 내보내는 투수.
퍼펙트 게임	투수가 9이닝 동안 타자를 1명도 출루시키지 않고 승리한 경기.
평균 자책점	투수의 실력을 평가하는 지표 중 하나. 9이닝당 자책점 수를 나타낸다.
포스트시즌	정규 리그 종료 후 상위 5개 팀이 와일드카드 결정전, 준플레이오프, 플레이오프, 한국시리즈를 통해 최종 우승 팀을 가리는 모든 경기를 일컫는 말.

폭투	포수가 잡을 수 없을 정도로 나쁜 공.
풀 카운트	스트라이크가 2개, 볼이 3개인 상태.
플라이	타자가 공을 높게 띄워 올리는 것.
플레이오프	준플레이오프 승리 팀과 2위 팀이 5전 3선승제로 맞붙는 게임으로, 승리한 팀이 한국시리즈에 진출한다.
허슬 플레이	선수가 몸을 아끼지 않고 투지 넘치는 경기력을 보여주는 것.
호수비	좋은 수비를 일컫는 말..
호투	투수가 공을 원하는 대로 잘 던지는 것.
홀드	구원투수가 팀의 리드를 유지하며 다음 투수에게 마운드를 넘기는 것.
홈 스틸	3루에 있는 주자가 투구 전에 홈으로 도루하는 작전.
희생 플라이	아웃카운트가 0이거나 1인 상황에, 타자가 플라이를 쳐서 자신은 아웃되고 주자가 득점하도록 하는 것.
4-6-3 더블 플레이	수비할 때 주자 2명을 1번에 아웃시키는 플레이. 4번은 2루수, 6번은 유격수, 3번은 1루수를 의미하며 순서대로 공을 보내 아웃을 완성한다는 뜻이다.
6-4-3 더블 플레이	유격수, 2루수, 1루수 순으로 공을 보내 주자 2명을 1번에 아웃시키는 플레이.

- 이 책은 저작권법에 따라 보호받는 저작물이므로 무단전재와 복제를 금합니다.
- 도서 내용의 전부 또는 일부를 재사용하려면 반드시 저작권자와 출판사의 서면 동의를 받아야 합니다.
- 책값은 뒤표지에 표시되어 있으며, 잘못된 책은 구입하신 곳에서 바꿔드립니다.

9회 말, 일희일비 야구의 맛
라젤의 레시피로 차려낸 그라운드 식탁

초판 1쇄 발행	2025년 9월 30일
초판 2쇄 발행	2025년 10월 2일

지은이	남아라
펴낸이	길은영
책임편집	프란츠 인 텍스트
디자인	quince & paper
일러스트	카린
펴낸곳	브로북스
등록	2023년 8월 22일 (제2023-000099호)
전화	070-8065-7409
팩스	0504-139-7409
전자우편	brobooks.kr@gmail.com
인스타그램	@brobooks.official

ⓒ 남아라 2025
ISBN 979-11-992548-4-8 (03810)

브로북스는 누구보다 책을 책답게 만들고 있습니다.

Boundless Books 읽음에 경계가 없는 책
Reliable Books   서로가 믿을 수 있는 책
Open Books   언제나 펼칠 수 있는 책